Sitzungsberichte des Plenums
und der problemgebundenen Klassen
der Akademie der Wissenschaften
der DDR

6
1972

Dialektische Wechselbeziehungen zwischen ökonomischer Theorie, Wirtschaftspolitik und Wirtschaftspraxis und die damit verbundenen Konsequenzen für die wirtschaftswissenschaftliche Forschung

AKADEMIE-VERLAG · BERLIN

Sitzungsberichte des Plenums
und der Klassen
der Akademie
der Wissenschaften der DDR

Jahrgang 1972 · Nr. 6

2. Tagung des Wissenschaftlichen Rates
für die wirtschaftswissenschaftliche Forschung
bei der Akademie der Wissenschaften der DDR
am 23. Juni 1972

Dialektische Wechselbeziehungen zwischen ökonomischer Theorie, Wirtschaftspolitik und Wirtschaftspraxis und die damit verbundenen Konsequenzen für die wirtschaftswissenschaftliche Forschung

Verantwortlich:
Prof. Dr. sc. oec. H. Koziolek
Vorsitzender des Wissenschaftlichen Rates
für die wirtschaftswissenschaftliche Forschung
bei der Akademie der Wissenschaften der DDR

AKADEMIE-VERLAG · BERLIN
1973

Herausgegeben im Auftrage
des Präsidenten der Akademie
der Wissenschaften der DDR
von Vizepräsident Prof. Dr. HEINRICH SCHEEL

Redaktionsschluß: 30. Okt. 1972
Erschienen im Akademie-Verlag GmbH, 108 Berlin, Leipziger Straße 3–4

Lizenznummer: 202 · 100/250/73
Herstellung: VEB Druckhaus Köthen
Bestellnummer: 2010/72/6 ES 5 B 2
EDV-Nr.: 751 822 9

Inhaltsverzeichnis

* unter Berücksichtigung der Diskussion

1. Thesen

Dialektische Wechselbeziehungen zwischen ökonomischer Theorie, Wirtschaftspolitik und Wirtschaftspraxis und Konsequenzen für die wirtschaftswissenschaftliche Forschung

(1) Die Richtung der Wirtschaftspolitik der Partei

Auf dem VIII. Parteitag der SED wurden die herangereiften Entwicklungsbedingungen analysiert und gestützt auf die Erfahrungen der KPdSU, besonders die Beschlüsse ihres XXIV. Parteitages, die Aufgaben zur weiteren Gestaltung der entwickelten sozialistischen Gesellschaft in der DDR begründet. Die vom VIII. Parteitag begründete Hauptaufgabe bringt zum Ausdruck, daß die sozialistische Wirtschaft als Mittel zum Zweck einem besseren Leben der Menschen zu dienen hat. Sie entspricht den Lebensinteressen der Arbeiterklasse, der Genossenschaftsbauern, der Intelligenz sowie aller anderen werktätigen Schichten. Mit dieser populären Politik für das Wohlergehen des Volkes wird die führende Rolle der Arbeiterklasse in der sozialistischen Gesellschaft durchgesetzt.

Die große Wirksamkeit dieser Politik beruht darauf, daß sie fest auf dem wissenschaftlichen Fundament des Marxismus-Leninismus gegründet ist, streng von den objektiven Gesetzen der gesellschaftlichen Entwicklung ausgeht. Die marxistisch-leninistische Theorie setzt die Partei in den Stand, die Gesetzmäßigkeiten des gesellschaftlichen Lebens zu erkennen, sich in der jeweiligen Situation richtig zu orientieren, den inneren Zusammenhang der aktuellen Ereignisse und deren Entwicklungstendenzen richtig zu verstehen. Sie hilft, die Antworten auf grundlegende Fragen zu finden, die durch die Praxis des revolutionären Kampfes und des sozialistischen Aufbaus aufgeworfen werden. Die Partei fordert eine schöpferische Einstellung zur Theorie, ihre weitere Entwicklung und die untrennbare Verbindung von Theorie und Praxis in ihrer gesamten Tätigkeit. Das tiefe Verständnis der dialektischen Beziehungen zwischen ökonomischer Theorie, Wirtschaftspolitik und Wirtschaftspraxis ist eine elementare Voraussetzung dafür, in der theoretischen wie in der praktischen Arbeit beim Aufbau der entwickelten sozialistischen Gesellschaft erfolgreich voranzukommen.

(2) Das Verhältnis von Ökonomie und Politik

Die marxistisch-leninistische Gesellschaftstheorie schuf mit der Lehre von Basis und Überbau eine wichtige theoretische Grundlage für die Erkenntnis der Struktur, der Entwicklung und der Funktionsweise der Gesellschaft. Das Verhältnis zwischen Politik und Ökonomie ist eine Grundbeziehung der sozialistischen Gesellschaft, in der das Verhältnis zwischen Basis und Überbau in Erscheinung tritt. Sein Inhalt ist im Sozialismus durch den Klassencharakter der Politik der Partei der Arbeiterklasse und des sozialistischen Staates geprägt, alles zu tun für das Wohl der Menschen, für das Glück des Volkes, für die Interessen der Arbeiterklasse und aller Werktätigen.

Die Klassiker haben gezeigt:

a) die ökonomischen Verhältnisse sind die in letzter Instanz bestimmenden Verhältnisse. Die Ökonomie ist folglich materielle Grundlage der Politik;

b) die Politik hat als konsequenter Ausdruck der Ökonomie das Primat gegenüber der Ökonomie.

Die dialektischen Wechselbeziehungen zwischen gesellschaftlichen Produktivkräften, sozialistischen Produktionsverhältnissen und dem gesellschaftlichen Überbau werden mit der Gestaltung der entwickelten sozialistischen Gesellschaft intensiver und entwickeln sich qualitativ weiter. Dabei besteht ein Kernproblem darin, die Errungenschaften der wissenschaftlich-technischen Revolution organisch mit den Vorzügen des sozialistischen Wirtschaftssystems zu vereinigen und in größerem Umfang als bisher die dem Sozialismus eigenen Formen und Methoden des Zusammenschlusses der Wissenschaft mit der Produktion zu entwickeln. Es handelt sich dabei um eine Aufgabe von historischer Bedeutung, die zutiefst den Interessen der Arbeiterklasse, der Genossenschaftsbauern, der Intelligenz und aller anderen Werktätigen entspricht, weil sie voll auf die Erfüllung der Hauptaufgabe, auf die Gestaltung der entwickelten sozialistischen Gesellschaft und ihre volle Ausprägung gerichtet ist. Zugleich wird die Verbindung zwischen wissenschaftlich-technischem, ökonomischem und sozialem Fortschritt immer unmittelbarer. Die Faktoren des sozialen Fortschritts erlangen in der gegenwärtigen Entwicklungsetappe große Bedeutung für den ökonomischen und für den gesellschaftlichen Fortschritt, geht es doch um grundlegende Veränderungen in den Arbeits- und Lebensbedingungen der Werktätigen. Die KPdSU verknüpft die Lösung der Probleme der allseitigen Verbesserung des Lebens des Volkes mit der Aufgabe, die soziale Homogenität in der Sowjetgesellschaft zu entwickeln und zu festigen. Durch den wissenschaftlich-technischen Fortschritt entstehen neue Wirkungsbedingungen der ökonomischen Gesetze des Sozialismus, verändern sich Zusammenhänge zwischen den ökonomischen Erscheinungen und Prozessen und entwickeln und verstärken sich die gesellschaftlichen Triebkräfte.

Mit der raschen Entwicklung von Wissenschaft und Technik verstärkt sich die Eigenart der Wirtschaft, ständig neue Probleme hervorzubringen und neue Aufgaben zu stellen. *„Der Sozialismus und die sozialistische Planwirtschaft eröffnen dem allseitigen Fortschritt von Wissenschaft und Technik größten Spielraum. Gleichzeitig erfordert die wissenschaftlich-technische Revolution die Vervollkommnung vieler Seiten unserer Wirtschaftstätigkeit. Das ist, mit anderen Worten gesagt, eine gewaltige, den Sozialismus begünstigende Kraft, die man wirklich beherrschen muß.“*[1]

Das erfordert ein konsequent wissenschaftliches Herangehen an die sozialistische Planung und Wirtschaftsführung und große Sachlichkeit bei der Lösung der ökonomischen Aufgaben und Probleme. Auf dem Gebiet der Leitung und Planung der Volkswirtschaft — wie auch auf den anderen Gebieten des gesellschaftlichen Lebens — gibt es keine endgültigen Lösungen. Natürlich verfügt die Praxis über bewährte und allgemeingültige Erfahrungen, Grundsätze und Regelungen. Mit den sich verändernden Bedingungen werden aber auch neue Methoden der Leitung und Planung der Wirtschaft, wirksamere ökonomische Regelungen zur Sicherung eines hohen ökonomischen Wachstums bei proportionaler Entwicklung der Volkswirtschaft notwendig.

Das gesamtgesellschaftliche Eigentum kann ökonomisch nicht anders realisiert werden als durch gesamtgesellschaftliche Leitung und Planung der wirtschaftlichen Prozesse im Interesse der Arbeiterklasse und aller Werktätigen, weshalb die Politik im Sozialismus notwendigerweise zu einer positiven ökonomischen Potenz im Engelsschen Sinne wird.[2]

Die ganze Schwierigkeit und Kunst der Politik überhaupt wie auch der Wirtschaftspolitik besteht dabei darin, wie L. I. Breshnew auf dem XXIV. Parteitag der KPdSU betonte, die Eigenart der Aufgaben einer jeden Periode, die Eigenart der Bedingungen, unter denen die Partei wirkt, zu berücksichtigen.[3] Das erfordert Stärkung der wissenschaftlichen Grundlagen unserer Wirtschaftspolitik wie höheres Niveau, größere gesellschaftliche und politische Wirksamkeit der ökonomischen Theorie.

Die Wirtschaftswissenschaft ist mit all ihren Disziplinen politische Wissenschaft. Ohne tiefes Verständnis der politischen Zusammenhänge, ohne politi-

[1] „Rechenschaftsbericht des Zentralkomitees der KPdSU an den XXIV. Parteitag der Kommunistischen Partei der Sowjetunion“, Referent: L. I. Breshnew, Moskau/Berlin, 1971, S. 55.

[2] Vgl. F. Engels, Briefe, in: K. Marx/F. Engels, Werke, Berlin 1967, Bd. 37, S. 490.

[3] Vgl. „Rechenschaftsbericht des Zentralkomitees der KPdSU ...“, a. a. O., S. 53.

sches Herangehen an die wirtschaftlichen Aufgaben können auch die *theoretischen* Probleme der ökonomischen Entwicklung nicht gelöst werden. Dabei geht es nicht im engeren Sinne um das wirtschaftspolitische Herangehen, sondern um ein politisches Herangehen im umfassenden Sinne vom Standpunkt der weiteren Stärkung der politischen Macht der Arbeiterklasse, ihren Bedürfnissen und Interessen. Die Wirtschaftswissenschaftler haben sich also als Beauftragte der Arbeiterklasse zu bewähren und müssen an alle Fragen der Ausbildung, Erziehung und Forschung politisch herangehen.

(3) Ökonomische Theorie und Wirtschaftspolitik

Die Wirtschaftspolitik der Partei der Arbeiterklasse und des sozialistischen Staates ist Kampf der Arbeiterklasse unter Führung ihrer Partei zur Durchsetzung ihrer politischen und ökonomischen Interessen, die mit den grundlegenden Interessen aller anderen Werktätigen identisch sind.

Die Wirtschaftspolitik der Partei und des sozialistischen Staates ist die Einheit von ideell-theoretischer und praktisch-organisatorischer Arbeit. Indem die ökonomische Theorie das System der ökonomischen Gesetze, ihren Wirkungsmechanismus und ihre Wirkungsbedingungen erforscht, das Wesen und die Erfordernisse der Gesetze formuliert und die effektivsten Formen der Ausnutzung der ökonomischen Gesetze herausarbeitet, liefert sie wie überhaupt der Marxismus-Leninismus in der Einheit seiner Bestandteile die entscheidenden theoretischen und methodologischen Grundlagen für die Gestaltung einer wissenschaftlich begründeten ökonomischen Politik. Das erfordert, die Lehren von Marx, Engels und Lenin sowie die großen Erfahrungen der KPdSU und die Erkenntnisse der Sowjetwissenschaft in der ökonomischen Forschung noch gründlicher zu erschließen.

Wenn also einerseits die marxistisch-leninistischen Wirtschaftswissenschaften die entscheidende Grundlage für die Wirtschaftspolitik der Partei bilden, wirkt andererseits die Wirtschaftspolitik aktiv auf die Entwicklung der ökonomischen Theorie als Wissenschaft zurück, gibt grundlegende Orientierungen des Inhalts und der Richtung wirtschaftswissenschaftlicher Forschung. Das ist die logische Konsequenz der Tatsache, daß die sozialistische Wirtschaftspraxis als Praxis einer planmäßig geleiteten Volkswirtschaft Verwirklichung der Wirtschaftspolitik der Partei der Arbeiterklasse und des sozialistischen Staates ist. Die sorgfältige Auswertung der Beschlüsse des XXIV. Parteitags der KPdSU und des VIII. Parteitags der SED ist deshalb eine der wichtigsten Voraussetzungen für die Hebung des theoretischen Niveaus der wirtschaftswissenschaftlichen Forschung und Lehre. Die Dokumente dieser Parteitage selbst sind zugleich bedeutende theoretische Werke der politischen Ökonomie des Sozialismus wie des Marxismus-Leninismus überhaupt.

Die ökonomische Theorie kann nicht anders wirksam werden als über die Wirtschaftspolitik, d. h. über die Vervollkommnung der Wirtschaftspolitik selbst wie über ihre effektivere praktische Umsetzung. Eingeschlossen sind darin Beiträge der ökonomischen Theorie in Form praktikabler Grundlagen für konkrete wirtschaftspolitische Maßnahmen und von Schlußfolgerungen für die Wirtschaftspolitik, wozu auch die Analyse der Wirkungen wirtschaftspolitischer Maßnahmen gehört. Falsch ist es, ungenügend fundierte Leitungsentscheidungen durch theoretisches Beiwerk scheinbar zu objektivieren. Die Verbindungen zwischen ökonomischer Theorie und Wirtschaftspolitik dürfen aber keineswegs gelockert werden, das würde die Wissenschaftlichkeit der Wirtschaftspolitik untergraben und die ökonomische Theorie zur Sterilität verurteilen.

Die Entfaltung der aktiven, schöpferischen Rolle der ökonomischen Theorie erfordert, daß ihre relative Selbständigkeit nicht gemindert oder sie in die Wirtschaftspraxis aufgelöst wird. Die ökonomische Theorie würde sonst schließlich aufhören zu existieren. Es geht vielmehr darum, daß die Wirtschaftswissenschaften die realen ökonomischen Sachverhalte und Prozesse in ihrer Entstehung und Wandlung und in ihren wechselseitigen Beziehungen richtig widerspiegeln und dabei die wesentlichen, beständigen, kausalen, eben gesetzmäßigen Zusammenhänge erkennen (Einheit von historischer und logischer Methode).

Dadurch werden die Wirtschaftswissenschaften befähigt, über die unmittelbar gegebene Praxis und deren Erklärung hinauszugehen, neue Erscheinungen vorauszusehen und damit wissenschaftliche Grundlage für die planmäßige Entwicklung der Wirtschaftspraxis zu sein (Einheit von explikativer und prognostischer Funktion der Wirtschaftswissenschaften).

(4) Ökonomische Theorie und Wirtschaftspraxis

Es war und ist ein Grundanliegen der Wissenschaftspolitik der Partei, im Interesse des gesellschaftlichen Fortschritts und der Wissenschaftsentwicklung selbst stets die Einheit von Theorie und Praxis im Sinne eines aktiven Wechselverhältnisses zu gewährleisten. Die Praxis im umfassenden Sinne als gesellschaftlicher Gesamtprozeß zur Umgestaltung der objektiven Realität und insbesondere die Wirtschaftspraxis, d. h. die Tätigkeit der arbeitenden Menschen zur Produktion und Reproduktion ihres materiellen Lebensunterhalts, bildet sowohl die Grundlage und das Kriterium der wirtschaftswissenschaftlichen Erkenntnisse als auch den Ausgangspunkt, die Triebkraft und das Ziel der wirtschaftswissenschaftlichen Tätigkeit. Deshalb kommt in der Einheit von Theorie und Praxis das Primat der Praxis zu. Die marxistisch-leninistische Theorie muß sich immer auf die Praxis und damit auf die politische Praxis als Ausgangspunkt und Kriterium der Richtigkeit ihrer Schlußfolgerungen stützen, die Erfahrungen der Praxis verallgemeinern.

Das setzt auch Klarheit über die objektiv gegebene Nichtidentität von Wirtschaftstheorie und Wirtschaftspraxis voraus sowie die Anerkennung von Widersprüchen zwischen beiden. Es handelt sich um unterschiedliche Sphären der gesellschaftlichen Tätigkeit mit speziellen Charakteristika.

Die ökonomische Theorie, in Gestalt der Gesamtheit der marxistisch-leninistischen Wirtschaftswissenschaften, ist eine systematische Widerspiegelung der wesentlichen Eigenschaften und Gesetzmäßigkeiten eines Teiles der objektiven Realität der sozialistischen Gesellschaft. Dabei — das lehrt die marxistisch-leninistische Erkenntnistheorie — ist die Theorie gegenüber der Praxis abhängig und relativ selbständig zugleich. Das erklärt sich vor allem aus der Tatsache, daß die Praxis die unmittelbare ökonomische Realität in ihren vielfältigen Erscheinungen verkörpert, während die Theorie vor allem die diesen Erscheinungen zugrunde liegenden allgemeinen Zusammenhänge und Gesetzmäßigkeiten herausarbeitet. Die Wirtschaftswissenschaften sind theoretische Disziplinen, die mit dem Mittel der wissenschaftlichen Abstraktion arbeiten. Für ihre Methode gilt der Grundsatz: *„Von der lebendigen Anschauung zum abstrakten Denken und von diesem zur Praxis — das ist der dialektische Weg der Erkenntnis der Wahrheit, der Erkenntnis der objektiven Realität.“*[4]

Daraus ergibt sich auch, daß die theoretische Verallgemeinerung erst über mehrere, für die einzelnen wirtschaftswissenschaftlichen Disziplinen unterschiedliche Zwischenglieder und Abstraktionsebenen am Ende einer gründlichen Analyse der lebendigen ökonomischen Praxis steht.

Die Nichtidentität von ökonomischer Theorie und Wirtschaftspraxis und die relative Selbständigkeit der ökonomischen Theorie in ihrer Einheit mit der Praxis ist sowohl Quelle von Widersprüchen zwischen beiden als auch die Grundlage für die Erkenntnis der aktiven, schöpferischen Rolle der Theorie in bezug auf die Praxis. Was die Widersprüche betrifft, so können sie objektiver oder subjektiver Natur sein und in folgender Hinsicht auftreten:

a) Die ökonomische Theorie entfernt sich von der Wirtschaftspraxis; das führt zu Dogmatismus und Unfruchtbarkeit der Wirtschaftswissenschaften. Dieses wiederum fördert Vorbehalte gegen die Wissenschaft und wissenschaftsfeindliche Tendenzen in der Praxis.

b) Die ökonomische Theorie beschränkt sich auf die Kommentierung der Wirtschaftspraxis. Sie bringt keinen wissenschaftlichen Vorlauf und kann damit pragmatisches Herangehen in der Wirtschaftspolitik fördern. Ebenso kann der Pragmatismus dann die Wissenschaftsentwicklung selbst beherrschen.

[4] W. I. Lenin, „Werke“, Berlin 1955 bis 1965, Bd. 38, S. 160.

c) Theoretische Erkenntnisse der Wirtschaftswissenschaften sind falsch. Sie entsprechen nicht den objektiven ökonomischen Gesetzen des Sozialismus. Die Praxis als Prüfstein für die Wahrheit der Theorie korrigiert diese falschen Thesen.
d) Es liegen wissenschaftliche Erkenntnisse vor, sie werden jedoch in der Wirtschaftspraxis nicht ausgenutzt. Dies hemmt das Tempo der gesellschaftlichen Entwicklung und führt nicht selten zu Umwegen.

(5) Schlußfolgerungen aus der Einheit und Widersprüchlichkeit von ökonomischer Theorie und Wirtschaftspraxis

1. Ausgangspunkt und Wahrheitskriterium der ökonomischen Theorie ist die gesellschaftliche Praxis. Es ist notwendig, die ökonomische Theorie enger mit der Praxis zu verbinden. Die Theorie darf nicht aus sich selbst heraus entwickelt werden, denn Ergebnisse mit einer hohen Praxiswirksamkeit setzen Kenntnis und eingehende Analyse der realen praktischen Erfahrungen und Gegebenheiten voraus. Das hebt keinesfalls die Forderung auf, für praktische Untersuchungen und bei theoretischen Verallgemeinerungen den Schatz der marxistisch-leninistischen Theorie, insbesondere die Erkenntnisse der Klassiker des Marxismus-Leninismus sowie der Sowjetwissenschaft, noch wirksamer auszuschöpfen.
2. Gesellschaftliche Aufgabe der ökonomischen Theorie ist es, wissenschaftlichen Vorlauf für die Wirtschaftspolitik zu schaffen.
3. Jede wirtschaftswissenschaftliche Arbeit muß praxisorientiert sein. Ihre Praxiswirksamkeit gewinnt sie vor allem dadurch, daß sie entsprechend den jeweiligen Anforderungen vor allem theoretisch-konzeptionelle Grundlagen für die Wirtschaftspolitik schafft. Vereinfachte Vorstellungen von der Praxiswirksamkeit laufen auf eine Versimpelung der Praxiswirksamkeit der Theorie hinaus.

Die Ausarbeitung der theoretischen Grundfragen der ökonomischen Entwicklung und des theoretischen Gesamtkonzepts der Leitung und Planung erfordert

a) auszugehen von der gesellschaftspolitischen Orientierung der Partei,
b) konkrete Analyse des Faktenmaterials der gesellschaftlichen Praxis,
c) abstrahierende Analyse mit dem Ziel, die ökonomischen Gesetze des Sozialismus und ihren Wirkungsmechanismus aufzudecken,
d) wissenschaftliche Vorausschau der künftigen ökonomischen Entwicklungen,
e) Überführung theoretischer Erkenntnisse in die Wirtschaftspraxis durch aktive Teilnahme an der Gestaltung und Durchsetzung der wissenschaftlichen Wirtschaftspolitik in der Praxis.

(6) Zu den Funktionen der Wirtschaftswissenschaften

Im Kampf um die Weiterentwicklung der ökonomischen Theorie und der Wirtschaftspraxis müssen sich die Wirtschaftswissenschaften als produktives Instrument und als ideologische Waffe beim weiteren sozialistischen Aufbau und in der Auseinandersetzung mit imperialistischen und linksrevisionistischen Konzeptionen bewähren. Sowohl die produktive als auch die ideologische Seite der einheitlichen Funktion der Wirtschaftswissenschaften sind wissenschaftlich begründet.

Die Einheit von ideologischer und produktiver Funktion wurde bisher nur für die politische Ökonomie des Sozialismus formuliert, gilt jedoch für die Wirtschaftswissenschaften insgesamt. Sie ist unteilbar, sowohl was das Untersuchungsobjekt und die Untersuchungsmethode als auch was die Disziplin oder die Institution betrifft.

Alle ideologischen Probleme hängen eng mit den Bedürfnissen und den Interessen der Menschen zusammen und insofern mit den Triebkräften der ökonomischen Entwicklung. Die wichtigste produktive Potenz, die Hauptproduktivkraft, ist der werktätige Mensch. Durch sein Bewußtsein müssen die wirtschaftspolitischen Maßnahmen erfaßt werden, um realisiert werden zu können.

Andererseits setzt die politisch-ideologische Wirksamkeit die produktive Wirksamkeit der ökonomischen Theorie bei der Gestaltung einer wissenschaftlich begründeten Wirtschaftspolitik voraus. Die Einheit von ideologischer und produktiver Funktion gilt für Ausbildung, Erziehung und Forschung gleichermaßen.

(7) Die Stellung der politischen Ökonomie in der ökonomischen Theorie des Sozialismus

Die marxistisch-leninistische ökonomische Theorie vom Sozialismus und Kommunismus umfaßt ihrem Wesen nach ein ganzes System von Wissenschaften. Die politische Ökonomie des Sozialismus als Kernstück dieses Systems ist dabei

- die breiteste theoretische Verallgemeinerung der historischen Erfahrungen und Erkenntnisse beim ökonomischen Aufbau des Sozialismus/Kommunismus,
- theoretische Grundlage für sich entwickelnde Spezialdisziplinen der Wirtschaftswissenschaft,
- theoretische Basis und Verallgemeinerung der Ergebnisse anderer wirtschaftswissenschaftlicher Disziplinen zugleich. Sie ist mit dem Erkenntnisprozeß und den Ergebnissen der Arbeit anderer wirtschaftswissenschaftlicher Spezialdisziplinen organisch verbunden.

Nur in diesem Sinne und mit dieser Zielrichtung kann die politische Ökonomie des Sozialismus die ökonomische Theorie von der Entstehung und von der Entwicklung der sozialistischen Produktionsweise und ihrem Hinüberwachsen in die kommunistische Produktionsweise sein.

Aus dieser Stellung der politischen Ökonomie des Sozialismus in der ökonomischen Theorie erwächst ihre besondere Verantwortung

- für das politische, klassenmäßige Herangehen in der ökonomischen Forschung und Lehre,
- für die Sicherung der Einheit von Historischem und Logischem in der ökonomischen Theorie,
- für die Sicherung der Einheit qualitativer und quantitativer Analysen,
- für die Beherrschung der Dialektik von Internationalem und Nationalem in der ökonomischen Forschung und Lehre und die Festigung des internationalistischen Charakters der ökonomischen Theorie des Sozialismus,
- für die Beachtung der Einheit von Politik – Ökonomie – Technik – Ideologie bei der Entwicklung jeder einzelnen wirtschaftswissenschaftlichen Disziplin,
- für die Auseinandersetzung mit feindlichen und fehlerhaften Auffassungen und Theorien.

Für die wirkungsvolle Gestaltung des Wechselverhältnisses zwischen politischer Ökonomie des Sozialismus und den anderen wirtschaftswissenschaftlichen Disziplinen ergibt sich daraus folgende Schlußfolgerung:

Zwischen der politischen Ökonomie des Sozialismus und den ökonomischen Teildisziplinen darf es keine Trennwände geben. Es geht vielmehr um ein solches aktives wechselseitiges Zusammenwirken, daß jede Teildisziplin von den Grunderkenntnissen und von der Methode der politischen Ökonomie des Sozialismus ausgeht, die gewonnenen Erkenntnisse ständig vom Standpunkt der politischen Ökonomie des Sozialismus überprüft werden und damit zugleich zur politökonomischen Verallgemeinerung beitragen. Eine Arbeitsteilung dergestalt, daß die politische Ökonomie des Sozialismus vorrangig die ideologische Funktion wahrnimmt, die anderen Teildisziplinen dagegen mehr praktisch-produktiv seien, beeinträchtigt die Wissenschaftlichkeit der ökonomischen Theorie in beiderlei Hinsicht.

(8) Zur Wirkung der ökonomischen Gesetze bei der Gestaltung der entwickelten sozialistischen Gesellschaft

Die zu gestaltende entwickelte sozialistische Gesellschaft ist dadurch charakterisiert, daß

– sich die Wesenszüge und die Grundeigenschaften des Sozialismus immer stärker ausprägen, für jeden immer deutlicher und spürbarer werden und zugleich
– die gesamte gesellschaftliche wie auch die ökonomische Entwicklung immer vielgestaltiger, differenzierter und komplexer wird.

Um einen wirksamen Beitrag zur Lösung der herangereiften neuen ökonomischen Aufgaben leisten zu können, müssen deshalb die Wirtschaftswissenschaften sowohl Charakter, objektiven Inhalt und Wirkungsweise der ökonomischen Gesetze als auch ihre Wirkungsbedingungen tiefgründiger erforschen.

Einige Kennzeichen des Charakters, der Wirkungsweise und der Wirkungsrichtung der ökonomischen Gesetze des Sozialismus sollen hervorgehoben werden:

Erstens ist der sozialistische Produktionsprozeß seinem Wesen nach von vornherein ein bewußt gestalteter gesellschaftlicher Prozeß, deshalb ist die *bewußte Ausnutzung der ökonomischen Gesetze* die einzig mögliche Form ihrer Verwirklichung im Interesse der Werktätigen. Das qualitativ Neue im Wechselverhältnis der objektiven und der subjektiven Entwicklungsfaktoren der sozialistischen Ökonomik besteht darin, daß die Gesellschaft alle objektiven Bedingungen ihrer Entwicklung in wachsendem Maße unter ihre Kontrolle nimmt und sie bewußt in ihrem Interesse als erkannte Notwendigkeit nutzt.

Das setzt jedoch die konsequente Anerkennung der *Objektivität* der ökonomischen Gesetze, die Kenntnis und die Erforschung ihres *objektiven Wirkungsmechanismus* voraus, denn die bewußte Gestaltung der sozialistischen Wirtschaft ist auf die objektiv, unabhängig vom Willen der Menschen existierenden Bedingungen und Verhältnisse gerichtet. Werden die objektiven Bedingungen mißachtet oder falsch eingeschätzt, etwa in dem Bestreben, die aktive schöpferische Tätigkeit der Menschen besonders hervorzuheben, können subjektivistische Entscheidungen in der Wirtschaftspolitik durch die Theorie gefördert werden. Strikt den objektiven Charakter der ökonomischen Gesetze des Sozialismus zu beachten, ist von prinzipieller Bedeutung für die Leitung und Planung der Gesellschaft. Es zwingt und ermöglicht, auf der Grundlage der erkannten Gesetzmäßigkeiten eine wissenschaftlich fundierte Wirtschaftspolitik zu betreiben.

So falsch es ist, die Objektivität der ökonomischen Gesetze in dieser oder jener Form zu mißachten, so schädlich ist andererseits eine Geringschätzung des subjektiven Faktors, eben weil die Gestaltung der entwickelten sozialistischen Gesellschaft ein wachsendes Maß an Bewußtheit und wissenschaftlicher Voraussicht notwendig macht.

Je besser die Werktätigen unter der Führung der Partei der Arbeiterklasse mit Hilfe des sozialistischen Staates die Erfordernisse der ökonomischen Gesetze erkennen, um so stärker nimmt der Einfluß ihrer schöpferisch-gestaltenden Tat im Wirtschaftsleben zu und ein um so reicheres wirtschaftliches Ergebnis wird auch erzielt.

Ein solches Herangehen schließt Wunschdenken und Subjektivismus wie auch ein pragmatisches Verhalten zu den Fragen der ökonomischen Entwicklung aus. Pragmatische und einer langfristigen Konzeption entbehrende Anpassungen an ökonomische Situationen sind unvereinbar mit den Erfordernissen einer wissenschaftlich begründeten Wirtschaftspolitik.

Zweitens entsprechen der Inhalt und die Wirkungsrichtung der ökonomischen Gesetze des Sozialismus zutiefst den grundlegenden Interessen der Arbeiterklasse und aller Werktätigen. Das findet seinen höchsten Ausdruck im ökonomischen Grundgesetz des Sozialismus.

Die ökonomischen Gesetze des Sozialismus existieren also nicht neben den objektiven ökonomischen Interessen der Menschen oder stellen gar an sie irgendwelche, ihren objektiven Interessen widersprechende „Forderungen". Sie können nur im Interesse der Arbeiterklasse und aller Werktätigen ausgenutzt werden. Umgekehrt: werden die ökonomischen Gesetze des Sozialismus verletzt, so wird nicht den Interessen der Werktätigen entsprochen.

Daraus erwächst den Wirtschaftswissenschaften die Aufgabe, Ausnutzung der ökonomischen Gesetze des Sozialismus und Verwirklichung der Interessen der Werktätigen immer als untrennbare Einheit zu behandeln. Das schließt ein, solche Wege und Methoden auszuarbeiten, die die Übereinstimmung von gesellschaftlichen, kollektiven und individuellen Interessen als eine entscheidende Triebkraft der gesellschaftlichen Entwicklung im Sozialismus noch wirksamer werden lassen.

Mit der Gestaltung der entwickelten sozialistischen Gesellschaft verändern sich die Wirkungsbedingungen der ökonomischen Gesetze des Sozialismus wesentlich. Die eingehende theoretische Untersuchung von Grundprozessen der entwickelten sozialistischen Gesellschaft durch Gemeinschaftsarbeit zwischen den Gesellschaftswissenschaftlern der sozialistischen Bruderländer ist deshalb ein notwendiger Bestandteil für die tiefere Erkenntnis der konkreten Wirkungsbedingung der ökonomischen Gesetze des Sozialismus.

Die Wirkungsbedingungen der ökonomischen Gesetze bei der Gestaltung der entwickelten sozialistischen Gesellschaft sind vor allem geprägt durch

– die zunehmende Reife der sozialistischen Produktionsverhältnisse und aller gesellschaftlichen Lebensbereiche, die unter anderem darin zum Ausdruck kommt, daß sich die Wechselwirkungen zwischen den sozialen Prozessen und der ökonomischen Entwicklung intensivieren und die es notwendig macht, konsequent die Einheit von wissenschaftlich-technischem, ökonomischem, kulturell-geistigem und sozialem Fortschritt zu verwirklichen;

- die Intensivierung der sozialistischen Volkswirtschaft auf der Grundlage des sich beschleunigenden wissenschaftlich-technischen Fortschritts, insbesondere durch die organische Verbindung der Errungenschaften der wissenschaftlich-technischen Revolution mit den Vorzügen des Sozialismus;
- die wachsende sozialistische ökonomische Integration der Staaten des RGW auf deren Grundlage der Vergesellschaftungsprozeß der Produktion durch Arbeitsteilung, Spezialisierung und Konzentration entscheidend zunimmt.

Durch sie werden grundlegende Veränderungen im volkswirtschaftlichen Reproduktionsprozeß hervorgerufen, die in Theorie und Praxis zur Beantwortung solcher neuen komplizierten Fragen zwingen, wie:

Auf welche Weise ist zu jedem Zeitpunkt der Entwicklung unter Berücksichtigung von Gegenwarts- und Zukunftsinteressen eine maximale Übereinstimmung zwischen Produktionsentwicklung und Bedürfnisbefriedigung zu erreichen; welcher Effektivitätszuwachs ist hierfür erforderlich? Was sind die spezifisch sozialistischen Bedürfnisse, und wie sind sie zu entwickeln und zu lenken? Wie muß die Praxis der Leitung und Planung verändert werden, damit die Bedürfnisse der Arbeiterklasse und aller Werktätigen tatsächlich der Ausgangspunkt der Planung sind? Wie muß die Qualität des volkswirtschaftlichen Reproduktionsprozesses schrittweise verändert werden, damit sich zugleich im Wirtschaftsprozeß selbst die Entwicklung der sozialistischen Persönlichkeit vollzieht? Wie wirken unter den Bedingungen der intensiv erweiterten sozialistischen Reproduktion die ökonomischen und die gesellschaftlichen Triebkräfte in Richtung einer ständigen Entwicklung und Beschleunigung des wissenschaftlich-technischen Fortschritts, um die Errungenschaften der wissenschaftlich-technischen Revolution organisch mit den Vorzügen des sozialistischen Wirtschaftssystems zu verbinden?

Eine Antwort auf diese Fragen kann von der ökonomischen Theorie nicht allein aus der Kenntnis der allgemeinen Ursachen und der grundlegenden Zusammenhänge der ökonomischen Gesetze des Sozialismus gegeben werden. Ein eingehendes Studium der gegenwärtigen und der zukünftigen Wirkungsbedingungen der ökonomischen Gesetze ist notwendig, um zu praktikablen Lösungen zu gelangen,

- weil die Erfordernisse der ökonomischen Gesetze im Konkreten eng von den jeweiligen Wirkungsbedingungen abhängen (z. B. die Anforderungen an optimale Proportionen zwischen Akkumulation und Konsumtion). Bestimmte Seiten einzelner ökonomischer Gesetze sowie des Systems ökonomischer Gesetze verändern mit neuen Wirkungsbedingungen auch ihr spezifisches Gewicht (z. B. das Gesetz der Verteilung nach der Leistung im Zusammenhang mit der wachsenden Bedeutung sozialer Prozesse; die zunehmende Rolle der Fondsökonomie für die Durchsetzung des Gesetzes der Ökonomie der Zeit usw.);

- weil die Formen und die Methoden der Ausnutzung der ökonomischen Gesetze des Sozialismus durch die Leitung und Planung der Volkswirtschaft in hohem Maße durch die sich wandelnden Wirkungsbedingungen bestimmt werden. Die ökonomischen Gesetze werden ausgenutzt, indem ihre sich eben auch ändernden Erscheinungsformen durch die Instrumentarien der Planung, der wirtschaftlichen Rechnungsführung usw. planmäßig gestaltet werden. In jeder Etappe ihrer Entwicklung bedarf deshalb die sozialistische Gesellschaft eines dieser Etappe entsprechenden Ausnutzungsmechanismus. Er verkörpert die schöpferische Anwendung der bewährten sozialistischen Leitungs- und Planungsprinzipien auf die veränderten Wirkungsbedingungen der ökonomischen Gesetze.

Für die ökonomische Theorie ergibt sich daraus die Schlußfolgerung: Ein tieferes theoretisches Eindringen in die ökonomischen Gesetze des Sozialismus und eine konkrete Analyse ihrer praktischen Wirkungsbedingungen sind zwei untrennbar miteinander verbundene Seiten eines einheitlichen Erkenntnisprozesses. Führt die Kenntnis der ökonomischen Gesetze des Sozialismus erst über die eingehende Untersuchung ihrer konkreten Wirkungsbedingungen – also über mehrere Zwischenglieder – zu praxiswirksamen Lösungen, so fördert die Analyse der jeweiligen Wirkungsbedingungen die tiefere theoretische Einsicht in das Wirken ökonomischer Gesetze.

Dabei ist es die Aufgabe der ökonomischen Theorie, eine Vielzahl von Fragen zu lösen, die sich sowohl auf die qualitative als auch auf die quantitative Bestimmtheit der ökonomischen Prozesse beziehen. Diese beiden Seiten stehen in enger Wechselwirkung zueinander, wobei in der Gegenwart der Erforschung von quantitativen Beziehungen als theoretischer Ausgangspunkt für die Normierung der Aufwendungen, die mathematische Modellierung und die Bewertung der ökonomischen Ressourcen in vieler Hinsicht eine Schlüsselstellung nicht nur für die Praxiswirksamkeit, sondern auch für die Weiterentwicklung der Theorie selbst zukommt.

Inneres Band und Orientierung für alle ökonomischen Disziplinen kann die politische Ökonomie des Sozialismus insgesamt nur sein, wenn sie *einerseits* die ökonomischen Prozesse in ihrem Gesamtzusammenhang erfaßt und *andererseits* die Untersuchung entscheidender Teilprozesse verstärkt. Um ihrer Rolle gerecht zu werden, muß deshalb die politische Ökonomie des Sozialismus in konstruktiver Weise vor allem Erkenntnisse über das System der ökonomischen Gesetze gewinnen.

(9) Die ökonomischen Gesetze des Sozialismus wirken auf der Grundlage des gesellschaftlichen Eigentums als ein System

Im System der ökonomischen Gesetze des Sozialismus ist das ökonomische Grundgesetz das Kernstück, weil es in allgemeinster Form alle wesentlichen Seiten des sozialistischen Produktionsprozesses erfaßt, den objektiven Zusammenhang zwischen dem Ziel und den Wegen zur Erreichung des Zieles der sozialistischen Produktion. Das ökonomische Grundgesetz des Sozialismus setzt sich jedoch nur im Zusammenhang mit der Verwirklichung des gesamten Systems der ökonomischen Gesetze des Sozialismus durch.

Jedes ökonomische Gesetz bringt wesentliche Seiten des sozialistischen Reproduktionsprozesses zum Ausdruck. Die ökonomischen Gesetze stehen aber zu ihren gesellschaftlichen Existenzbedingungen und miteinander in Wechselwirkung, denn alle Seiten und Tendenzen der sozialistischen Wirtschaft existieren als ein einheitliches Ganzes. Die Prozesse der ökonomischen Entwicklung sind so miteinander verflochten, daß nur eine Anwendung der ökonomischen Gesetze im Komplex es gestattet, sie vollständig auszunutzen, wobei auf der Grundlage des gesellschaftlichen Eigentums an den Produktionsmitteln durch das ökonomische Grundgesetz eine *einheitliche* Wirkungsrichtung der ökonomischen Gesetze gegeben ist. Hieraus leitet sich für alle wirtschaftswissenschaftlichen Disziplinen die Schlußfolgerung ab, die spezifischen Seiten der sozialistischen Produktion in ihrem Zusammenhang zu allen ökonomischen Gesetzen des Sozialismus zu untersuchen und nicht ein einzelnes Gesetz aus dem Gesamtsystem einseitig herauszuheben, seine Erfordernisse zu verabsolutieren. Das widerspräche dem objektiven Wirkungsmechanismus der ökonomischen Gesetze. Zugleich würden Wirkungen ausgelöst werden, die die Erfordernisse dieser einzelnen Gesetze wie auch des Gesamtsystems aller ökonomischen Gesetze verletzten.

So ist es für die Ausarbeitung einer praxiswirksamen Lohntheorie unerläßlich, sowohl die Erfordernisse des Gesetzes der Verteilung nach der Arbeitsleistung als auch die des ökonomischen Grundgesetzes des Sozialismus, des Gesetzes der planmäßigen proportionalen Entwicklung der Volkswirtschaft, des Gesetzes der ständigen Steigerung der Arbeitsproduktivität und anderer in ihrer untrennbaren Wechselwirkung zu berücksichtigen. Die Preistheorie darf nicht nur von den Erfordernissen des Wertgesetzes ausgehen, denn auf die Preisbildung wirken im Sozialismus ebenso die Erfordernisse des ökonomischen Grundgesetzes des Sozialismus, des Gesetzes der planmäßigen proportionalen Entwicklung der Volkswirtschaft, des Gesetzes der ständigen Steigerung der Arbeitsproduktivität und andere ein.

(10) Sozialistische ökonomische Integration und Wirkung der ökonomischen Gesetze

Die Wirkung der ökonomischen Gesetze des Sozialismus wird in wachsendem Maße durch die sich vertiefende sozialistische ökonomische Integration bestimmt. Damit verstärken sich die dialektischen Wechselbeziehungen von Internationalem und Nationalem, Allgemeinem und Besonderem in der Entwicklung der sozialistischen Ökonomik.

Bei der Lösung aller Grundprobleme gehen wir stets von den Interessen des Weltsozialismus aus und betrachten die DDR als einen für alle Zeiten untrennbaren Bestandteil der sozialistischen Staatengemeinschaft, dessen Zentrum und Hauptkraft die Sowjetunion ist. Die Entwicklung der sozialistischen Wirtschaft eines Landes wird primär durch die allgemeingültigen objektiven ökonomischen Gesetze des Sozialismus bestimmt. Sie vollzieht sich nicht in der Hauptsache als Anpassung an nationale Besonderheiten. Es kann deshalb keine wie immer geartete Lösung gesellschaftlicher wie ökonomischer Probleme aus enger nationaler Sicht geben.

Das entspricht in vollem Umfang den Erkenntnissen der Klassiker des Marxismus-Leninismus, die den Aufbau der kommunistischen Gesellschaftsformation als eine zutiefst internationalistische Aufgabe begründeten. LENIN wies überzeugend nach, daß „sich die verschiedenen einzelnen Föderationen freier Nationen immer mehr und mehr um das revolutionäre Rußland sammeln werden. Ganz freiwillig, ohne Lüge und ohne Waffen wird diese Föderation wachsen, sie ist unbesiegbar.“[5]

Hieraus ergeben sich einige grundlegende Folgerungen für die wirtschaftswissenschaftliche Arbeit.

Da die inneren Entwicklungsprozesse unserer Wirtschaft zunehmend von der fortschreitenden sozialistischen ökonomischen Integration beeinflußt werden, ist bei allen wichtigen Aufgaben der ökonomischen Theorie auch von deren Erfordernissen und Bedingungen auszugehen. Es wäre für den Weltfrieden wie für jedes einzelne Land äußerst schädlich, eine isolierte „Nationalökonomie“ entwickeln zu wollen, denn das sozialistische Weltsystem, der Prototyp der künftigen „*Weltgemeinschaft*“ (LENIN) und entscheidende Faktor der gesellschaftlichen Entwicklung der Gegenwart, ist durch allgemeingültige Gesetzmäßigkeiten des sozialistischen Aufbaus geprägt.

Vor den Ökonomen steht heute die Aufgabe, eine geschlossene theoretische Analyse aller Grundprozesse der sozialistischen ökonomischen Integration, des Wirkens der ökonomischen Gesetze des Sozialismus im internationalen Maßstab vorzunehmen. Dabei wäre es – vom Wesen dieses Prozesses ausgehend –

[5] Ebenda, Bd. 25, S. 480.

falsch, die Fragen der sozialistischen ökonomischen Integration nur als Spezialproblem, als Ressortfragen zu behandeln oder die Integration als eine mechanische Verbindung verschiedener sozialistischer Wirtschaftssysteme aufzufassen. Zugleich darf — entsprechend den Hinweisen Lenins — nicht übersehen werden, daß die Annäherung der sozialistischen Länder (vor allem auf das ökonomische Niveau bezogen) ein objektiv langwieriger Prozeß ist, bei dem jegliches Vorauseilen sowie Überspringen von Etappen schadet.

(11) Bedürfnisbefriedigung als Ausgangspunkt der Planung

Der Reifegrad des Sozialismus erfordert, die gesellschaftlichen Bedürfnisse konsequent zum Ausgangspunkt der Planung zu machen, denn durch ihn werden neue Wege und Formen für die Realisierung der dialektischen Einheit von Produktion und Konsumtion notwendig. Die gewaltig gewachsenen Produktivkräfte ermöglichen die Verwirklichung des objektiven Ziels der sozialistischen Produktion in neuen Dimensionen. Zugleich erfordert die entwickelte sozialistische Gesellschaft, die Bedingungen auszubauen und zu erweitern, die die allseitige Entwicklung der Fähigkeiten und der schöpferischen Aktivität aller Werktätigen sichern. Die Erhöhung des Lebensniveaus wird selbst zu einem entscheidenden Moment für die Entwicklung der Hauptproduktivkraft der Gesellschaft und somit zu einem das Tempo der weiteren volkswirtschaftlichen Entwicklung bestimmenden Faktor.

Bei der Entfaltung der sozialistischen Produktionsweise bilden sich in einem längeren Prozeß — mit der Befriedigung elementarer materieller und nichtmaterieller Bedürfnisse — Bedürfnisse mit spezifisch sozialistischen Zügen heraus. Ihr Charakter und die Art und Weise ihrer Befriedigung werden durch das sozialökonomische Wesen des Sozialismus geprägt. Das sind beispielsweise solche wie das Bedürfnis nach schöpferischer Tätigkeit im Interesse der Gesellschaft, nach Bildung, Wissenschaft und Kultur, Sozial- und Gesundheitswesen, Umweltschutz.

Die Prozesse der Bedürfnisentwicklung und die Gestaltung allseitig entwickelter sozialistischer Persönlichkeiten sind eng miteinander verknüpft und durchdringen einander.

Ebensowenig wie die Produktionsentwicklung kann sich die Bedürfnisbefriedigung im Sozialismus im Selbstlauf herausbilden. Bei dem erreichten Grad der Vergesellschaftung der Produktion und der Bedürfnisbefriedigung wird ihre rationelle Gestaltung zu einer bedeutsamen effektivitätsbestimmenden Potenz. Es ist eine vordringliche Aufgabe der ökonomischen Theorie, in sozialistischer Gemeinschaftsarbeit mit den entsprechenden staatlichen Leitungs- und Planungsorganen die Entwicklungsrichtung der Bedürfnisse der Werktätigen, die Art und Weise ihrer Befriedigung sowie die sich daraus ergebenden Konsequenzen für den volkswirtschaftlichen Reproduktionsprozeß eingehender zu untersuchen.

Die Ausarbeitung langfristiger Konzeptionen zur Entwicklung der Bedürfnisse und ihrer Befriedigung als Ausgangspunkt der Entscheidungsfindung wird zu einer dringenden Aufgabe.

Diese Wechselbeziehungen von Bedürfnisentwicklung und Produktion stellen qualitativ neue Anforderungen an die Planung des gesellschaftlichen Reproduktionsprozesses. Die sozialistische Gesellschaft hat von Anbeginn an alle Anstrengungen unternommen, um mit dem Ergebnis der Produktion die Bedürfnisse der Werktätigen immer besser zu befriedigen. Die Möglichkeiten hierfür waren jedoch lange Zeit objektiv begrenzt. Das erreichte Niveau der Produktion und der Bedürfnisbefriedigung macht es heute möglich und notwendig, die wechselseitigen Beziehungen zwischen ihnen viel unmittelbarer zu gestalten.

Die optimale Bedürfnisbefriedigung hängt nicht nur von der Gestaltung der Produktionsstruktur, sondern in wachsendem Maße von der Entwicklung aller volkswirtschaftlichen Grundproportionen ab. Das betrifft insbesondere die Beziehungen zwischen den materiellen und den nichtmateriellen Bereichen der Volkswirtschaft — die stoffliche Produktion im Verhältnis zu den materiellen Diensten und den nichtmateriellen Leistungen — sowie die Aufkommens- und Verwendungsproportionen des Nationaleinkommens, die Beziehungen zwischen Akkumulation und Konsumtion usw. Durch eine wesentliche Steigerung der Arbeitsproduktivität in der materiellen Produktion müssen die Voraussetzungen geschaffen werden, um insbesondere die wachsenden Bedürfnisse an Diensten und nichtmateriellen Leistungen befriedigen zu können.

Es ergeben sich unterschiedliche Anforderungen an die Art und Weise der Planung in den einzelnen Bereichen und der Wechselbeziehungen zwischen den Bereichen. Es ist nicht möglich, die Entwicklung der nichtmateriellen Bereiche mit denselben Methoden und Kriterien zu planen wie die materielle Produktion. Für die Planung der nichtmateriellen Bereiche sind sowohl neue Formen der Planung zu entwickeln — vor allem die Ausarbeitung langfristiger und komplexer Entwicklungsprogramme — als auch spezifische Bewertungsverfahren — Aufwand-Nutzen-Analyse — auszuarbeiten.

Das Ziel der sozialistischen Produktion, die allseitige Entfaltung sozialistischer Persönlichkeiten, erfordert eine harmonische Bedürfnisentwicklung und -befriedigung. Betrachtet man die Bedürfnisse vom Standpunkt der Spezifik einzelner Bedürfniskomplexe wie Nahrung, Bekleidung, Wohnung, Bildung, Sozialwesen, Verkehr, Umweltschutz usw., so erweist sich, daß zu ihrer Befriedigung sehr unterschiedliche Zeithorizonte von Bedeutung sind. Bei Lösungsvarianten der Bedürfnisbefriedigung ist dies zu berücksichtigen, um die notwendige Komplexität und Harmonie in der Bedürfnisbefriedigung zu gewährleisten. Diese Forderung läßt sich nur durch die langfristige Planung realisieren, die sich auf Prognosen der Entwicklungsrichtungen sowie der wirtschaftlichen Möglichkeiten und den Verlauf der wissenschaftlich-technischen Entwicklung stützt.

(12) Die Intensivierung des sozialistischen Reproduktionsprozesses — Konsequenzen für die Leitung und Planung der Volkswirtschaft

Die Intensivierung des sozialistischen Reproduktionsprozesses ist ein bestimmendes Wesensmerkmal der zu gestaltenden entwickelten sozialistischen Gesellschaft. Sie prägt deshalb in hohem Maße die neue Richtung für die Vervollkommnung von Leitung, Planung und Stimulierung.

Mit der konsequenten Intensivierung wird die Erhöhung der volkswirtschaftlichen Effektivität zur Hauptquelle des volkswirtschaftlichen Wachstumsprozesses. Die Möglichkeiten dafür ergeben sich aus der sozialistischen Rationalisierung, der Verwirklichung des wissenschaftlich-technischen Fortschritts in seiner ganzen Breite und Vielfalt und insbesondere aus der organischen Verbindung der Errungenschaften der wissenschaftlich-technischen Revolution mit den Vorzügen des Sozialismus. Umfassend alle Vorzüge des Sozialismus für die Beschleunigung des wissenschaftlich-technischen Fortschritts zu nutzen, ist somit eine unerläßliche Voraussetzung für die Entwicklung der sozialistischen Volkswirtschaft. Dabei hängt das intensive Wirken des wissenschaftlich-technischen Fortschritts, das tatsächliche Ausnutzen seiner effektivitätssteigernden Potenzen, in erster Linie davon ab, wie konsequent die ökonomischen Gesetze bei seiner Einführung berücksichtigt werden. Das stellt hohe Anforderungen an die Planung der Volkswirtschaft. Sie muß darauf gerichtet sein, die evolutionären und die revolutionären Prozesse des wissenschaftlich-technischen Fortschritts in ihrer Einheit und gegenseitigen Bedingtheit zu nutzen, Tempo und Ausmaß der wissenschaftlich-technischen Revolution entsprechend den realen Gegebenheiten festzulegen und durchzusetzen, insbesondere bei allen grundlegenden strukturellen Veränderungen der Volkswirtschaft die ökonomische Zweckmäßigkeit verbunden mit den sozialen Wirkungen weit vorausschauend zu prüfen. Nur auf diese Weise kann die Planmäßigkeit und Proportionalität einer sich dynamisch entwickelnden Volkswirtschaft gewährleistet werden.

Hieraus ergeben sich wesentliche Konsequenzen für die aufeinander abgestimmte Vervollkommnung vieler Seiten des volkswirtschaftlichen Planungsprozesses. Hierbei kommt es besonders darauf an,

— die Planung von Wissenschaft und Technik als Hauptfaktor der Intensivierung und der Steigerung der Arbeitsproduktivität weiterzuentwickeln. Da Wissenschaft und Technik mit allen Bereichen der Volkswirtschaft untrennbar verbunden sind, müssen die Anforderungen und die Ergebnisse von

Wissenschaft und Technik stärker als bisher zur Grundlage des gesamten Volkswirtschaftsplanes werden. Dazu bedarf es unter anderem der Koordinierungspläne für Aufgaben, an deren Lösung mehrere Zweige und Bereiche beteiligt sind. Wissenschaft und Technik zu nutzen, zwingt vor allem zur qualifizierten Beherrschung der Phase der Überleitung von neuen wissenschaftlich-technischen Ergebnissen in die Produktion;

- die für die intensiv erweiterte Reproduktion spezifischen Proportionalitäts- und Effektivitätserfordernisse in den Plänen und Kennziffern zu sichern. Hierzu gehören zum Beispiel die Beziehungen zwischen Rationalisierungsinvestitionen und Investitionen für die extensive Erweiterung der Produktion, zwischen Investitionen, Arbeitsplatzentwicklung, Freisetzung von Arbeitskräften und Auslastung der vorhandenen Grundfonds;
- die Effektivitätsrechnung zu vervollkommnen und verstärkt Normative für den rationellen Einsatz von Grundfonds, Investitionen, Material und des gesellschaftlichen Arbeitsvermögens anzuwenden;
- die auf den Bedarf der Bevölkerung und der Wirtschaft gerichtete Planungs-, Bilanzierungs- und Abrechnungstätigkeit in der gesamten Volkswirtschaft wie in den Betrieben, Kombinaten und staatlichen Organen rationell zu gestalten und bei einer Senkung des Verwaltungsaufwandes durch den Einsatz der EDV vor allem eine höhere Qualität der Steigerung der ökonomischen Prozesse zu erreichen.

(13) Die Langfristigkeit der Planung

Die für die Gestaltung der entwickelten sozialistischen Gesellschaft charakteristischen tiefgreifenden Veränderungen des volkswirtschaftlichen Reproduktionsprozesses machen eine enge Verbindung zwischen der lang-, mittel- und kurzfristigen Planung (Jahresplanung) erforderlich. Die Planung *„muß sich auf das präzisere Studium der gesellschaftlichen Bedürfnisse, auf die wissenschaftlichen Prognosen unserer wirtschaftlichen Möglichkeiten, auf die allseitige Analyse und Einschätzung der verschiedenen Lösungsvarianten und deren unmittelbare und langfristige Folgen stützen. Um diese bedeutungsvolle und schwierige Aufgabe zu lösen, müssen die Horizonte der Wirtschaftsplanung erweitert werden.“*[6] Die Qualifizierung der lang- und der mittelfristigen Planung, die sich auf wissenschaftliche Prognosen stützt, erlangt besonderes Gewicht, denn

- die sozialen und die ökonomischen Prozesse, die mit der Entwicklung der Arbeiterklasse und aller werktätigen Klassen und Schichten als Hauptproduktivkraft des Sozialismus verbunden sind, bedürfen einer langfristigen Konzeption. Da diese auf die Verwirklichung der dialektischen Einheit von wissenschaftlich-technischem, ökonomischem, sozialem und geistig-kulturel-

6 „Rechenschaftsbericht des Zentralkomitees der KPdSU ...“, a. a. O., S. 91.

lem Fortschritt gerichtet ist, berührt sie alle Phasen, Stufen und Bereiche der Volkswirtschaft in ihrer Verflechtung (materielle, nichtmaterielle, territoriale Bereiche usw.);

– von den Aufgaben zur qualitativen Veränderung der materiell-technischen Basis der Volkswirtschaft, worauf besonders die wissenschaftlich-technische Revolution gerichtet ist, gehen langfristige Wirkungen auf die Volkswirtschaft aus. Mit der Forschung und ihrer Anwendung in der Praxis werden immer Gegenwarts- und Zukunftsprozesse zugleich berührt. Durch die Realisierung umfangreicher Investitionen sind die einzelnen Phasen des Reproduktionsprozesses zeitlich stark miteinander verflochten, wobei lang- und kurzfristige Auswirkungen ebenfalls in sehr engem Zusammenhang stehen;
– die rationelle territoriale Verteilung der Produktivkräfte im nationalen und internationalen Maßstab, die Entwicklung der Industriezentren und aller anderen Siedlungsgebiete sowie die Kommunikation zwischen ihnen, der Schutz der Natur usw. erfordern Lösungen, die sowohl von den Aufwendungen als auch den Ergebnissen her auf lange Sicht die gesellschaftliche Entwicklung nachhaltig beeinflussen.

Nur in Verbindung von lang-, mittel- und kurzfristiger Planung kann ein Proportionsgefüge der Volkswirtschaft gesichert werden, das die immer bessere Befriedigung der wachsenden materiellen und kulturell-geistigen Bedürfnisse gewährleistet.

Eine Kernfrage hierfür ist die Einheit von materiellen und finanziellen Proportionen, von Gebrauchswert- und Wertplanung. Wert- und Gebrauchswertplanung bedingen und ergänzen einander, wobei in dieser dialektischen Einheit – ausgehend vom Ziel der Produktion – die Gebrauchswertplanung stets das dominierende, übergreifende Moment ist. Eine Vernachlässigung der Gebrauchswertplanung führt zu der Gefahr, daß die Planung ungenügend vom tatsächlichen Bedarf der Bevölkerung und der Wirtschaft ausgeht und materielle Disproportionen die Entwicklung stören. Das darf jedoch zu keiner Geringschätzung der Wertplanung verleiten, denn eine Vernachlässigung der Wertplanung birgt ihrerseits die reale Gefahr in sich, daß in der Wirtschaftstätigkeit ungenügend auf die Senkung des gesellschaftlich notwendigen Arbeitsaufwands, die Erhöhung der Effektivität sowie die reibungslose Vermittlung von Produktion und Konsumtion durch eine entsprechende Distribution und Zirkulation orientiert wird.

(14) Interessenübereinstimmung, demokratischer Zentralismus und Durchsetzung der ökonomischen Gesetze des Sozialismus

Von den Interessen der Arbeiterklasse ausgehend die Übereinstimmung zwischen gesellschaftlichen, kollektiven und individuellen Interessen aller Werktätigen herzustellen, ist eine Grundaufgabe des planmäßig funktionierenden, auf hohe Effektivität gerichteten Ausnutzungsmechanismus der ökonomischen Gesetze. Das Hauptproblem besteht dabei darin, das bewährte Prinzip zu verwirklichen: was den Interessen der Gesellschaft entspricht, muß auch für den Betrieb und für den Werktätigen vorteilhaft sein. Das ist keinesfalls *allein* durch ökonomische Regelungen oder die geeignete Gestaltung ökonomischer Hebel zu erreichen. Es geht vielmehr darum, das gesamte System von Leitung, Planung und ökonomischer Stimulierung weiterzuentwickeln.

Der VIII. Parteitag der SED hat hierfür, gestützt auf die Erkenntnisse des XXIV. Parteitags der KPdSU und unsere bisherigen Erfahrungen, die entscheidenden Grundrichtungen festgelegt. Sie bestehen vor allem in

- der Vervollkommnung der politischen Leitung von Wirtschaft und Gesellschaft,
- der Vervollkommnung der Planung als Herzstück der Leitung,
- der Vervollkommnung der wirtschaftlichen Rechnungsführung als objektiver Notwendigkeit und Instrument der Planung sowie der Formen der materiellen Interessiertheit, verbunden mit der moralischen Anerkennung.

Ein Kardinalproblem ist es, ein ausgewogenes Verhältnis von zentraler staatlicher Leitung und Planung und der Eigenverantwortung der Kombinate und Betriebe zu gestalten.[7]

Dem Wesen der Sache nach geht es darum, die grundlegenden Vorzüge der sozialistischen Ordnung, die bewußte und planmäßige proportionale Entwicklung der Volkswirtschaft als Ganzes auf der Grundlage der zentralen staatlichen Leitung und Planung und die schöpferische Aktivität der Arbeiter, der Genossenschaftsbauern und der Intelligenz vor allem in ihrer Einheit und gegenseitigen Bedingtheit immer wirksamer werden zu lassen. Die Verwirklichung des demokratischen Zentralismus in der Leitung und Planung der Volkswirtschaft auf diese Art und Weise ist eine wesentliche Voraussetzung, um die sozialistische Volkswirtschaft mit höchster Effektivität im Interesse der Werktätigen entwickeln zu können. Sie ist ein lebendiger, in ständiger Entwicklung begriffener Organismus.[8] Und in diesem Leninschen Sinne muß sie auch begriffen und gestaltet werden.

Auf Grund der dominierenden Stellung der gesellschaftlichen Interessen, die sich aus dem sozialistischen Eigentum, dem hohen Grad der Vergesellschaftung der Produktion ergibt, kommt der höheren Qualität der *zentralen* Planung und Bilanzierung von grundlegenden volkswirtschaftlichen Prozessen in ihrer gegen-

[7] Vgl. E. Honecker, Zu aktuellen Fragen bei der Verwirklichung der Beschlüsse unseres VIII. Parteitages, Berlin 1971, S. 35.

[8] Vgl. W. I. Lenin, a. a. O., Bd. 1, S. 158.

seitigen Verflechtung eine Schlüsselstellung zu, um die Bedürfnisse der Menschen immer besser befriedigen zu können. Es kommt zugleich darauf an, die zentralen Vorhaben mit der eigenen Planung der Betriebe eng zu verknüpfen. Deshalb erlangt für die bedarfsgerechte Produktion, die Stabilität und Elastizität der Pläne *auf jeder* Ebene der Volkswirtschaft die Ausarbeitung einer eigenen Plankonzeption wachsende Bedeutung. Sie muß auf die Erfüllung der gesellschaftlichen Aufgaben gerichtet sein, sie aufnehmen, weiterentwickeln und auf diese Weise wirksame Impulse zur Fixierung der gesamtgesellschaftlichen Ziele geben. Sicherheit und Zuverlässigkeit in der Beherrschung des Reproduktionsprozesses der Betriebe und Kombinate, ihrer technischen, ökonomischen und sozialen Hauptentwicklungsrichtungen ist ein wesentliches Element, um die Interessen wirksam in Übereinstimmung zu bringen.

Diese Notwendigkeit eines flexiblen (keine mechanische Aufschlüsselung und Aggregierung der volkswirtschaftlichen Aufgaben zulassenden) Systems der Leitung und Planung ergibt sich ebenfalls zwingend aus der sich vollziehenden Intensivierung der Volkswirtschaft, die durch wachsende Komplexität der ökonomischen Prozesse und ihre gleichzeitige zunehmende Spezialisierung und Differenziertheit charakterisiert ist.

Plan und wirtschaftliche Rechnungsführung zu verbinden, ist dabei eine wesentliche Voraussetzung, um die zentrale Leitung und Planung wie auch die eigenverantwortliche Planungstätigkeit der Betriebe weiter zu vervollkommnen.

Das theoretisch wie praktisch entscheidende Problem besteht darin, die Planung und die Kategorien der wirtschaftlichen Rechnungsführung synchron auf die bedarfsgerechte Produktion auszurichten. Hierfür ist es in der ökonomischen Forschung auch notwendig, das Verhältnis zwischen dem Gesetz der planmäßigen proportionalen Entwicklung und dem Wertgesetz eingehender zu untersuchen.

Innerhalb der wirtschaftlichen Rechnungsführung geht es darum, solche Bedingungen für die Gewinnerwirtschaftung zu schaffen, die eine Steigerung des Gewinns gestatten, wenn die bedarfsgerechte Produktion erhöht und dabei die Kosten gesenkt werden. Das bedeutet, die stimulierende Rolle des Gewinns eindeutig auf die gesellschaftlichen Ziele und Aufgaben zu richten, seine Wirkung zu erhöhen, und zugleich die Möglichkeiten auszuschließen, beispielsweise durch Preismanipulierungen zu einem ungerechtfertigten Gewinn zu gelangen. Eine wesentliche Seite für die wirksamere Ausnutzung der ökonomischen Gesetze besteht deshalb in Zukunft darin, auf der Grundlage einer qualifizierten materiellen Planung und Bilanzierung die Wirkungsrichtungen des Gewinns so zu verändern, daß die gewinnbildenden Faktoren auf die Verminderung des gesellschaftlich-notwendigen Aufwands, die Senkung der Kosten und in untrennbarer Einheit damit die bedarfsgerechte Produktion gerichtet sind. Eine solche Entwicklungsrichtung entspricht der Forderung des VIII. Parteitags der Sozialistischen Einheitspartei Deutschlands, wonach *„die Betriebe dann den höchsten Gewinn erzielen und ihre Fonds erhöhen können, wenn ihre Erzeugnisse und Leistungen den volkswirtschaftlichen Erfordernissen in Menge, Sortiment, Qualität und Kosten entsprechen“*.[9]

[9] Bericht zur Direktive des VIII. Parteitages der SED zum Fünfjahrplan für die Entwicklung der Volkswirtschaft der DDR in den Jahren 1971 bis 1975, Berichterstatter: W. Stoph, Berlin 1971, S. 31.

2. Einführende Bemerkungen

Prof. Dr. G. Schulz

Einführende Bemerkungen zur Tagung des Wissenschaftlichen Rates für die wirtschaftswissenschaftliche Forschung

Das tiefe Verständnis der dialektischen Wechselbeziehungen zwischen ökonomischer Theorie, Wirtschaftspolitik und Wirtschaftspraxis ist von großer Bedeutung für das vom VIII. Parteitag der SED geforderte höhere theoretische Niveau der wirtschaftswissenschaftlichen Forschung und für ihre größere Wirksamkeit in der Praxis. Ohne Verständnis der politischen und ökonomischen Zusammenhänge, ohne richtiges politisches Herangehen an die wirtschaftlichen Aufgaben können auch die theoretischen Probleme unserer ökonomischen Entwicklung nicht gelöst werden.

Die grundlegenden Beziehungen zwischen ökonomischer Theorie, Wirtschaftspolitik und Wirtschaftspraxis wurden von den Klassikern des Marxismus-Leninismus theoretisch begründet. Dieser Erkenntnisschatz ist stets eine Leitlinie für Theorie und Praxis. Es gibt jedoch gute Gründe, diese Wechselbeziehungen in jeder Entwicklungsetappe – ausgehend von den veränderten Bedingungen und neuen Aufgaben – erneut zu durchdenken und Konsequenzen für Theorie und Praxis abzuleiten. Dazu sollen die vorliegenden Thesen Anregungen geben, um Wege zu finden, die nicht voneinander zu trennende wissenschaftlich-produktive und politisch-ideologische Funktion der Wirtschaftswissenschaften und ihre Wirksamkeit zu erhöhen.

Hier sollen nur einige Gründe angeführt werden, warum unseres Erachtens diese dialektischen Wechselbeziehungen zum Gegenstand unserer Beratung ausgewählt wurden:

Erstens wurden in der Sowjetunion und in den anderen Bruderländern in den letzten Jahren umfangreiche neue Erfahrungen bei der Durchführung der Wirtschaftsreformen gesammelt. Die KPdSU und die Sowjetwissenschaft haben – ausgerichtet auf die volle Ausprägung der entwickelten sozialistischen Gesellschaft – die Theorie wesentlich bereichert. Dieser Erkenntnisschatz ist systematisch zu erschließen und schöpferisch anzuwenden.

Zweitens hat der VIII. Parteitag der SED viele komplizierte Aufgaben gestellt, die darauf gerichtet sind, die entwickelte sozialistische Gesellschaft zu schaffen. Sie sind im „Zentralen Forschungsprogramm der marxistisch-leninistischen Gesellschaftswissenschaften" und im wirtschaftswissenschaftlichen Forschungsprogramm bis 1975 erfaßt. Vor allem geht es um theoretischen Vorlauf, der auf die planmäßige Herausbildung der Ökonomik der entwickelten sozialistischen Gesellschaft gerichtet ist.

Drittens wurden in den letzten Jahren viele neue Erfahrungen gesammelt, viele neue Erkenntnisse von prinzipieller theoretischer Bedeutung konnten gewonnen werden. In vielen Fragen der Theorie und der Wirtschaftspolitik konnte in den vergangenen Jahren tiefer eingedrungen werden. Ohne Zweifel ist heute der Erfahrungs- und Wissensstand höher als noch vor wenigen Jahren. Das machte es möglich, viele Fragen der Theorie und der Wirtschaftspraxis tiefer und gründlicher durchdenken und beurteilen zu können.

Viertens besteht das Ziel der Tagung darin, einen konstruktiven Meinungsaustausch zu einer Reihe von Fragen zu führen, die aus komplizierten ökonomischen und theoretisch-methodologischen Aufgaben resultieren. So gab es vereinzelt Tendenzen, zwischen der ökonomischen Theorie und der Wirtschaftspolitik eine scharfe Trennungslinie zu ziehen, ohne die dialektischen Wechselbeziehungen zwischen ihnen genügend zu beachten. Gelegentlich trifft man auch die Auffassung an, wonach es für die politische Ökonomie des Sozialismus ausreichend sei, sich auf die Ergebnisse anderer ökonomischer Spezialdisziplinen als Zwischenglieder zur Praxis zu stützen und sie lediglich zu verallgemeinern. Ebenso geht es um die Frage nach dem Grad der Abstraktion bei der theoretischen Verallgemeinerung durch die politische Ökonomie des Sozialismus, die über verschiedene Zwischenglieder am Ende einer gründlichen Analyse der lebendigen ökonomischen Praxis steht. In den vorliegenden Thesen wird davon ausgegangen, daß die politische Ökonomie des Sozialismus theoretisch-methodologische Grundlagen für alle ökonomischen Wissenschaftsdisziplinen zu liefern hat.

Mit den Thesen wird der Versuch unternommen, diese und andere Fragen des dialektischen Wechselverhältnisses von Theorie — Politik — Praxis zu beantworten bzw. eine Grundlage für den Meinungsaustausch zu geben.

Indem theoretisch wie praktisch bedeutsame Probleme beraten werden, ist der Wissenschaftliche Rat bemüht.

— auf ein höheres theoretisches Niveau, auf größere Gründlichkeit und Tiefe in der theoretischen Arbeit aktiv Einfluß zu nehmen,
— einen Beitrag zu leisten, ein höheres Niveau in der Auseinandersetzung mit imperialistischen und revisionistischen Auffassungen und Konzeptionen zu erreichen,
— sowohl Erscheinungen des Subjektivismus als auch des Pragmatismus ent-

gegenzuwirken, um einen Beitrag für einen langfristigen, stabilen wirtschaftlichen Aufstieg zu leisten,
- sich mit Tendenzen des Dogmatismus auseinanderzusetzen, da sie ein konstruktives wissenschaftliches Herangehen an die zu lösenden Probleme der sozialistischen Praxis behindern.

Das theoretische Niveau und die praktische Wirksamkeit der ökonomischen Forschung werden entscheidend dadurch bestimmt, welcher Ausgangspunkt (im Sinne politischer Grundprämissen) und welche konzeptionelle Grundlage die Arbeit bestimmen. Beide Fragen wurden vom VIII. Parteitag der SED eindeutig beantwortet. Die Politik der Partei geht von der welthistorischen Mission der Arbeiterklasse, vom internationalistischen Wesen des Sozialismus aus und ist davon durchdrungen, alles zu tun für das Wohl des Menschen, für das Glück des Volkes, für die Interessen der Arbeiterklasse und aller Werktätigen. Die Fragen des heutigen Themas - wie alle Grundprobleme der ökonomischen Forschung - können nur gelöst werden, wenn wir stets die gegenwärtigen und künftigen Schritte zum Aufbau des Sozialismus, die allseitige Stärkung der Macht der Arbeiter und Bauern, die Vertiefung des Bündnisses mit der Sowjetunion und die noch festere Verankerung der DDR in der Gemeinschaft der sozialistischen Länder als einen Bestandteil und zugleich als ein Gebot des revolutionären Weltprozesses betrachten.

Bei der Lösung der vom VIII. Parteitag der SED gestellten Aufgaben zur weiteren Gestaltung der entwickelten sozialistischen Gesellschaft erweist sich das tiefe Verständnis der objektiven ökonomischen Gesetze des Sozialismus und ihrer Wirkungsbedingungen in der Gegenwart und Zukunft als ein Schlüsselproblem. Einen langfristigen stabilen ökonomischen Aufstieg kann nur eine Politik bewirken, die von den objektiven Gesetzen hergeleitet wird. „Unsere eigenen Erfahrungen unterstreichen dabei die Tatsache, daß es darauf ankommt, die Gesamtheit der objektiven ökonomischen Gesetze in ihrer gegenseitigen Beziehung theoretisch zu erfassen, ihre komplexe Wirkungsweise zu studieren und in der Wirtschaftspolitik auszunutzen."[1]

Bei der Erforschung des Systems ökonomischer Gesetze des Sozialismus habe wir vor allem folgende Mängel zu überwinden:

Erstens darf nicht bei der verbalen Darstellung des Wesens der ökonomischen Gesetze stehengeblieben werden, sondern es sind die konkreten Wirkungsbedingungen systematisch zu untersuchen. Aus dieser Sicht haben die Wirtschaftswissenschaftler einen wesentlichen Beitrag zur Vervollkommnung des konkreten Ausnutzungsmechanismus der ökonomischen Gesetze zu leisten,

[1] E. Honecker, Fragen von Wissenschaft und Politik in der sozialistischen Gesellschaft der DDR, in: Neues Deutschland vom 16. 1. 72, S. 3.

um aktiv mitzuwirken, die Leitung, Planung und ökonomische Stimulierung weiterzuentwickeln.

Zweitens muß die analytische Tätigkeit (als unentbehrlicher Bestandteil der Forschung) bezogen auf die ökonomischen Prozesse und ihre Entwicklungstendenzen weiter verstärkt werden. Mit dem Blick auf die entwickelte sozialistische Gesellschaft sind die Prozesse des wissenschaftlich-technischen und sozialen Fortschritts zu analysieren und zu verallgemeinern, weil durch sie die Wirkungsbedingungen der ökonomischen Gesetze und die Zusammenhänge zwischen ökonomischen Erscheinungen und Prozessen verändert werden. Zugleich entwickeln und verstärken sich damit die gesellschaftlichen Triebkräfte. Es ist offensichtlich, daß die Faktoren des sozialen Fortschritts in der gegenwärtigen Entwicklungsetappe erheblich an Bedeutung gewinnen und bei der Analyse der Wirkungsbedingungen den notwendigen Platz einzunehmen haben.

Drittens werden die ökonomischen Gesetze des Sozialismus oft noch als eine Art Katalog von Erfordernissen dargestellt, die außerhalb der bewußten Tätigkeit der Menschen existieren. Vielmehr ist davon auszugehen, daß die Erfordernisse der ökonomischen Gesetze zutiefst mit den Grundinteressen der Werktätigen übereinstimmen.

Viertens zeichnen sich ökonomische Gesetze durch ihre qualitative und quantitative Bestimmtheit aus. Die Erforschung der quantitativen Seite der ökonomischen Gesetze für ihre konkrete Ausnutzung ist wesentlich zu verstärken. Es sind Grundlagen für die normative Basis der Planung, für die Bewertung der Leistungen, der Ressourcen u. a. dringend notwendig.

Unseres Erachtens kommt es in der ökonomischen Forschung vor allem darauf an, drei Glieder einer Kette in ihrem wechselseitigen Zusammenhang zu erfassen: Es geht erstens um das System ökonomischer Gesetze des Sozialismus, den objektiven Wirkungsmechanismus als Gesamtheit der charakteristischen Züge des Wirkens der ökonomischen Gesetze; zweitens um die konkreten Wirkungsbedingungen der ökonomischen Gesetze und Tendenzen ihrer Veränderung; drittens um die planmäßige Vervollkommnung des Ausnutzungsmechanismus der ökonomischen Gesetze des Sozialismus, verkörpert im konkreten System der Leitung, Planung und ökonomischen Stimulierung, den Formen und Methoden der Wirtschaftsführung.

Eine entscheidende Schlußfolgerung für die theoretische Arbeit besteht darin, daß ein *tieferes theoretisches Eindringen in die ökonomischen Gesetze untrennbar verbunden sein muß mit der Analyse der konkreten Wirkungsbedingungen,* denn nur diese beiden Seiten des Erkenntnisprozesses können zu praxiswirksamen Lösungen führen. Die Analyse der jeweiligen Wirkungsbedingungen fördert die tiefere theoretische Einsicht in das Wirken ökonomischer Gesetze.

Da der Begriff Wirkungsbedingungen der ökonomischen Gesetze mitunter recht unterschiedlich ausgelegt wird, sei hier an einige philosophische Erkenntnisse erinnert. Bekanntlich sind objektive Gesetze in ihrem Wirken an bestimmte objektive Bedingungen gebunden. Aus philosophischer Sicht werden zunächst die *spezifischen Wirkungsbedingungen* hervorgehoben, die den spezifischen Inhalt, das Wesen der Gesetze bestimmen. So sind zweifellos die sozialistischen Produktionsverhältnisse sowohl Existenz- als auch notwendige Wirkungsbedingungen für die ökonomischen Gesetze des Sozialismus. Vor allem ist die bewußte Tätigkeit der Menschen eine notwendige Bedingung für das Wirken der ökonomischen Gesetze des Sozialismus und ihre volle Ausnutzung. Die bewußte Tätigkeit von Ausbeutung befreiter Menschen im Rahmen der Gesellschaft erfordert die führende Rolle der Partei und die Leitung und Planung der Wirtschaft und Gesellschaft als Existenzbedingung der sozialistischen Gesellschaft überhaupt. Weiterhin existieren für das Wirken der Gesetze *nichtspezifische Bedingungen*, die nicht den formationsspezifischen Inhalt der Gesetze bestimmen, aber dennoch für ihr Wirken notwendig sind. So sind die Produktivkräfte und ihre Entwicklung als Fundament des ökonomischen Aufschwungs ein grundlegendes Kriterium des gesellschaftlichen Fortschritts und eine notwendige Bedingung für das Wirken ökonomischer Gesetze (ohne ihr spezifisch sozialistisches Wesen zu bedingen).

Im Zentrum der theoretischen Analyse sollte deshalb der gesamte Reproduktionsprozeß als Wirkungssphäre der ökonomischen Gesetze des Sozialismus stehen. Bei der Analyse der Zusammenhänge zwischen den ökonomischen Erscheinungen und Prozessen der Reproduktion ist davon auszugehen, daß sie Knotenpunkte der dialektischen Wechselwirkung von Produktivkräften und sozialistischen Produktionsverhältnissen sind und zu den objektiv notwendigen Wirkungsbedingungen der ökonomischen Gesetze gehören.

Schließlich wird das Wirken der Gesetze noch durch Bedingungen begleitet, die von den oben erwähnten notwendigen Wirkungsbedingungen zu unterscheiden sind. Sie sind für das Wirken der Gesetze nicht notwendig, haben jedoch Einfluß auf die konkreten Erscheinungs- und Entfaltungsformen ökonomischer Prozesse und Zusammenhänge und dürfen in der konkreten Analyse nicht vernachlässigt werden. Solche Einflüsse üben beispielsweise nationale Besonderheiten aus. Zu diesen Bedingungen gehört auch das internationale Kräfteverhältnis. Es ist für die konkrete Gestaltung der Erscheinungsformen ökonomischer Prozesse und Zusammenhänge keineswegs unerheblich, ob in der internationalen Arena die friedliche Koexistenz und Entspannung oder die harte Konfrontation bzw. kriegerische Auseinandersetzungen das politische Klima prägen.

Mit der Gestaltung der entwickelten sozialistischen Gesellschaft verändern sich auch die Wirkungsbedingungen der ökonomischen Gesetze des Sozialismus.

Deshalb ist die theoretische Analyse grundlegender ökonomischer Prozesse und Erscheinungen der entwickelten sozialistischen Gesellschaft eine unabdingbare Voraussetzung dafür, künftige Wirkungsbedingungen vorausschauend zu erfassen und tiefer in die ökonomischen Gesetze einzudringen. Wodurch werden die konkreten Wirkungsbedingungen der ökonomischen Gesetze des Sozialismus in der gegenwärtigen Entwicklungsetappe besonders beeinflußt?

Zunächst ist die zunehmende Reife der sozialistischen Produktionsverhältnisse hervorzuheben. Die Faktoren des sozialen Fortschritts erlangen ein immer stärkeres Gewicht für den ökonomischen und gesellschaftlichen Fortschritt, geht es doch um grundlegende Veränderungen in den Arbeits- und Lebensbedingungen der Werktätigen. Die Lösung der Probleme, das Leben des Volkes allseitig zu verbessern, wird mit der Aufgabe verknüpft, die soziale Homogenität in der Gesellschaft weiter zu entwickeln und zu festigen. Deshalb ist es verständlich, daß gerade dieser Aufgabenkomplex wesentlich das gesellschaftswissenschaftliche Forschungsprogramm der DDR bis 1975 prägt. Vor allem geht es darum, die Veränderungen im Inhalt der Arbeit und ihre weitere Vergesellschaftung, die dadurch bedingten neuen Probleme der Aus- und Weiterbildung, die erforderliche Erhöhung der Disponibilität des Produzenten, die Verringerung der Unterschiede in der Qualifikation bei allgemein steigendem Qualifikationsniveau und die Wege der aktiven Teilnahme der Werktätigen an der Leitung weiter zu erforschen. Damit entwickeln und verstärken sich die gesellschaftlichen Triebkräfte.

Mit der wissenschaftlich-technischen Revolution — dem wissenschaftlich-technischen Fortschritt insgesamt — vollzieht sich ein progressiver Wandel in den Produktivkräften, die allgemein notwendige Wirkungsbedingungen der ökonomischen Gesetze darstellen. Bei der organischen Verbindung der Errungenschaften der wissenschaftlich-technischen Revolution mit den Vorzügen des sozialistischen Wirtschaftssystems geht es vor allem darum: Erstens Möglichkeiten und Bedingungen zu schaffen, die schöpferischen Fähigkeiten voll anzuwenden und zu entfalten, um ein höheres Niveau der Arbeitsproduktivität zu erreichen. Zweitens sollten die Veränderungen der materiell-technischen Basis der Volkswirtschaft die Entfaltung der Persönlichkeit fördern, weswegen der wissenschaftlich-technische, ökonomische, kulturell-geistige und soziale Fortschritt als dialektische Einheit zu verwirklichen ist. Grundlegende Veränderungen der Wirkungsbedingungen ökonomischer Gesetze werden sich ergeben mit der komplexen Automatisierung der Produktion und Leitung, mit progressiven Methoden und Arbeitsmitteln zur weiteren Elektrifizierung und Chemisierung der Produktion, mit qualitativen Veränderungen in den Wechselbeziehungen des Komplexes Wissenschaft — Technik — Produktion, womit die unermeßlich gewachsene Rolle der Wissenschaft zur Entwicklung von Produktion und Gesellschaft verbunden ist.

Mit der sozialistischen ökonomischen Integration der Staaten des RGW vollzieht sich der Vergesellschaftungsprozeß der Arbeit über die Grenzen eines Landes hinaus. Damit vollziehen sich qualitative Veränderungen in den Wirkungsbedingungen, die in veränderten Erfordernissen ökonomischer Gesetze ihren Ausdruck finden, ja zu neuen Gesetzmäßigkeiten in der Sphäre der sozialistischen internationalen Wirtschaftsbeziehungen führen.

Aus all dem ergeben sich wesentliche Folgerungen für die ökonomische Forschung. Einige sollen hervorgehoben werden:

- Die im wirtschaftswissenschaftlichen Forschungsprogramm der DDR (bis 1975) gestellten Aufgaben sind nicht allein aus der Kenntnis der allgemeinen Ursachen und grundlegenden Zusammenhänge zwischen den ökonomischen Erscheinungen und Prozessen zu lösen, obwohl darin eine entscheidende Ausgangsbasis besteht. Ein tieferes theoretisches Eindringen in das Wirken der Gesetze erfordert das eingehende Studium der gegenwärtigen Wirkungsbedingungen und ihrer künftigen Veränderungen. Das ist deshalb notwendig, weil sich mit der Veränderung der Wirkungsbedingungen bestimmte Seiten ökonomischer Gesetze, ihr spezifisches Gewicht im System der ökonomischen Gesetze und ihre Erfordernisse verändern.
- Die Erforschung möglicher Veränderungen bestimmter Seiten und Erfordernisse ökonomischer Gesetze darf nicht dazu führen, die allgemeinen Ursachen und grundlegenden Zusammenhänge zwischen ökonomischen Erscheinungen und Prozessen — die durch die sozialistischen Produktionsverhältnisse geprägt sind — zu vernachlässigen. Sie bilden das stabile Gerüst des Systems ökonomischer Gesetze, sind von grundlegender Bedeutung für das konzeptionelle Herangehen an die Forschung und bestimmen die Grundrichtungen der Wirtschaftspolitik. Deshalb wird unseres Erachtens kein echter Fortschritt erzielt, wenn lediglich nach neuen Formulierungen des Wesens einzelner ökonomischer Gesetze gesucht wird. Vielmehr geht es darum, mit den sich wandelnden Wirkungsbedingungen Veränderungen in den Erfordernissen der ökonomischen Gesetze zu erforschen, die entsprechende Formen und Methoden der Ausnutzung ökonomischer Gesetze durch die Leitung und Planung verlangen.

Eine wesentliche Voraussetzung für das richtige Herangehen an die Lösung dieser Aufgaben ist das tiefe Verständnis der dialektischen Wechselbeziehungen zwischen ökonomischer Theorie, Wirtschaftspolitik und Wirtschaftspraxis.

3. Diskussion

Prof. Dr. H. Nick

Zum historischen Platz und den Grundaufgaben der entwickelten sozialistischen Gesellschaft

Die tiefere Erforschung des historischen Platzes, der Merkmale, Kriterien und der grundlegenden Aufgaben der entwickelten sozialistischen Gesellschaft gehören zu den Schwerpunkten der gesellschaftswissenschaftlichen Forschung. Der XXIV. Parteitag der KPdSU und die in der jüngsten Zeit stattgefundenen Parteitage der kommunistischen und Arbeiterparteien anderer sozialistischer Länder — hierunter der VIII. Parteitag der SED — haben in schöpferischer Verallgemeinerung der reichen Erfahrungen des sozialistischen Aufbaus einen großen Beitrag zur Theorie von der entwickelten sozialistischen Gesellschaft geleistet und damit zugleich der gesellschaftswissenschaftlichen Forschung auf diesem Gebiet wesentliche Grundlagen und starke Impulse gegeben. Die Gesetzmäßigkeiten und der historische Platz der entwickelten sozialistischen Gesellschaft standen folgerichtig auch im Mittelpunkt der wissenschaftlichen Konferenz „Der XXIV. Parteitag der KPdSU und die Entwicklung der marxistisch-leninistischen Theorie" in Moskau sowie der gesellschaftswissenschaftlichen Konferenz über die Ergebnisse des VIII. Parteitages der SED, auf der Genosse Kurt Hager die prinzipielle Bedeutung dieser Kategorien „entwickelte sozialistische Gesellschaft" hervorhob.[1]

Im folgenden sollen einige — keineswegs umfassende und auch nicht systematisch geordnete — Gedanken dargelegt werden, die sich bei der weiteren Erforschung des historischen Platzes und der Grundaufgaben der entwickelten sozialistischen Gesellschaft als nützlich erweisen könnten.

Die entwickelte sozialistische Gesellschaft als eine besondere historische Periode der kommunistischen Produktionsweise wurde zum ersten Mal in der Erklärung der Beratung von Vertretern der kommunistischen und Arbeiterparteien (November 1960), und zwar im Zusammenhang mit der Charakterisierung der neuen Entwicklungsetappe des sozialistischen Weltsystems, genannt. *„Die*

[1] K. Hager, Die entwickelte sozialistische Gesellschaft, Aufgaben der Gesellschaftswissenschaften nach dem VIII. Parteitag der SED, Berlin 1971, S. 31.

Sowjetunion verwirklicht erfolgreich den umfassenden Aufbau der kommunistischen Gesellschaft. Die anderen Länder des sozialistischen Lagers legen erfolgreich das Fundament des Sozialismus: einige von ihnen sind bereits in die Periode des Aufbaus der entwickelten sozialistischen Gesellschaft eingetreten."[2]

Im Prozeß der Ausarbeitung der Theorie der entwickelten sozialistischen Gesellschaft, der von Anfang an von den kommunistischen und Arbeiterparteien aller sozialistischen Länder unter Führung der KPdSU getragen wurde, wurden wichtige Hinweise Lenins über *verschiedene* Phasen und Reifestadien des Sozialismus schöpferisch auf die konkreten historischen Entwicklungsbedingungen angewandt und weiterentwickelt. So warnte Lenin in seinem Buch „Der linke Radikalismus, die Kinderkrankheit des Kommunismus" davor, „von der Vorstufe des Zusammenbruchs des Kapitalismus ... nicht zur niederen und nicht zur mittleren, sondern zur höheren Phase des Kommunismus übergehen" zu wollen.[3] Ende der fünfziger und Anfang der sechziger Jahre waren in vielen sozialistischen Ländern wichtige Veränderungen im gesellschaftlichen Leben herangereift: Die grundlegenden Aufgaben der Übergangsperiode vom Kapitalismus zum Sozialismus waren im wesentlichen gelöst, die Frage „wer – wen?" war in diesen Ländern zugunsten des Sozialismus entschieden. Die neue Entwicklungsetappe des sozialistischen Weltsystems – verursacht vor allem durch die Erfolge des sozialistischen Aufbaus in der Sowjetunion, aber auch durch die o. a. gesellschaftlichen Veränderungen in anderen sozialistischen Ländern, durch eine höhere Qualität in der Zusammenarbeit der sozialistischen Staaten – bedeutete zugleich den *endgültigen*, d. h. auch durch äußere Faktoren, etwa eine imperialistische Aggression, nicht mehr rückgängig zu machenden Sieg des Sozialismus in diesen Staaten. Wie die kommunistischen und Arbeiterparteien anderer sozialistischer Länder stand auch die SED vor der Aufgabe, die strategische Zielstellung für den nächsten Abschnitt der gesellschaftlichen Entwicklung zu bestimmen. Die Frage nach dem Inhalt und den Grundaufgaben der in der kommenden Periode zu lösenden Aufgaben wurde von der SED auf dem VI. Parteitag (1963) beantwortet und in dem vom Parteitag beschlossenen Programm der SED ausführlich begründet.

„Nach dem Sieg der sozialistischen Produktionsverhältnisse ist der umfassende Aufbau des Sozialismus in der Deutschen Demokratischen Republik, der die Periode des Übergangs vom Kapitalismus zum Sozialismus abschließen wird, Hauptinhalt der Tätigkeit der Arbeiterklasse und aller Werktätigen."[4]

[2] Erklärung der Beratung von Vertretern der kommunistischen und Arbeiterparteien, November 1960, Berlin o. J., S. 18 f.

[3] W. I. Lenin, Werke, Bd. 31, Berlin 1959, S. 29.

[4] Programm der SED, Berlin 1963, S. 323.

Es sei hier hervorgehoben, daß die wissenschaftliche Begründung des Kurses auf die Errichtung der entwickelten sozialistischen Gesellschaft zu einem Zeitpunkt, da viele sozialistische Länder sich am *Beginn* dieser Entwicklungsetappe befanden, vor allem deswegen möglich war, weil die Sowjetunion seit der Mitte der dreißiger Jahre die entwickelte sozialistische Gesellschaft mit großem Erfolg praktisch gestaltete, über einen bedeutenden theoretisch verallgemeinerten Erfahrungsschatz verfügte.

Die der strategischen Zielstellung auf die Errichtung der entwickelten sozialistischen Gesellschaft zugrunde liegenden wesentlichen Leitsätze bestanden vor allem in folgendem:

1. In der Übergangsperiode vom Kapitalismus zum Sozialismus wurden die entscheidenden Grundlagen des Sozialismus geschaffen, nicht aber des unmittelbaren Aufbaus des Kommunismus. Diese Übergangsperiode vom Kapitalismus zum Sozialismus ist folglich nicht gleichzusetzen mit der Übergangsperiode vom Kapitalismus zum Kommunismus, deren Wesenszüge und Grundaufgaben von den Klassikern des Marxismus-Leninismus wissenschaftlich begründet worden waren (erste Phase der kommunistischen Produktionsweise).

2. Auf die Übergangsperiode vom Kapitalismus zum Sozialismus folgt eine *relativ lange* historische Phase der Entwicklung des Sozialismus auf den ihm eigenen, d. h. überwiegend von ihm selbst geschaffenen Grundlagen. Dies eben bedeutet die Gestaltung der entwickelten sozialistischen Gesellschaft als einer gesetzmäßigen historischen Entwicklungsetappe der kommunistischen Produktionsweise.

3. Der Hauptinhalt der in der Periode des reifen Sozialismus zu lösenden Aufgaben besteht in der Entfaltung der dem Sozialismus eigenen Vorzüge und Triebkräfte: das Wesen des Sozialismus, seine Grundeigenschaften treten deutlicher hervor, gewinnen eine unmittelbarere und zwingendere Wirkung.

4. Der Prozeß der Gestaltung der entwickelten sozialistischen Gesellschaft ist *identisch* mit der Schaffung der objektiven und subjektiven Voraussetzungen für den Übergang zum Kommunismus. Es gibt in diesem Sinne folglich keine besondere Übergangsperiode zwischen Sozialismus und Kommunismus.

Die entscheidende „gesicherte" Erkenntnis der letzten Jahre besteht also darin, daß die entwickelte sozialistische Gesellschaft eine besondere, für alle Länder verbindliche historische Periode des Aufbaus der kommunistischen Produktionsweise ist. Die tiefere Erforschung der Spezifik der entwickelten sozialistischen Gesellschaft ist eine der wichtigsten Aufgaben der marxistisch-leninistischen Gesellschaftswissenschaft.

Für die Bestimmung des historischen Platzes und der Grundaufgaben der entwickelten sozialistischen Gesellschaft ist es sehr wichtig, die dialektischen Beziehungen zwischen der grundlegend neuen — der *gesamten* kommunistischen Produktionsweise zugehörigen – Qualität der Produktionsverhältnisse und den Muttermalen der alten Gesellschaft zu untersuchen, welche aus dem historischen Zusammenhang zwischen Kapitalismus und Sozialismus und aus dem zeitweisen Nebeneinanderbestehen des Sozialismus und des Kapitalismus resultieren.

Offensichtlich muß die starke historische Verselbständigung des Sozialismus zu einseitigen, unrichtigen Auffassungen sowohl von diesen Muttermalen wie von den Keimen des Kommunismus führen. Die Muttermale werden dann einfach auf antisozialistische Elemente (Kriminalität, antisozialistische Verhaltensweisen überhaupt) reduziert, während unter den Keimen des Kommunismus Elemente der zweiten Phase des Kommunismus verstanden wurden, zum Beispiel Elemente der Verteilung nach den Bedürfnissen (bestimmte Teile der gesellschaftlichen Konsumtion). Natürlich gibt es beides und natürlich ergeben sich hieraus auch bestimmte Anhaltspunkte für das Verständnis der grundlegenden Aufgaben, die in der Periode des entwickelten Sozialismus zu lösen sind. Die Muttermale – so wie oben verstanden – sind nicht mehr das Bestimmende, und die Keime der zweiten Phase der kommunistischen Gesellschaftsordnung sind noch nicht das Bestimmende. Das Bestimmende sind die sozialistischen Verhältnisse, die dem Kapitalismus entgegengesetzt sind und die sich natürlich auch – im Rahmen der gleichen Grundqualität – von den Produktionsverhältnissen des entwickelten Kommunismus unterscheiden. Aber im ganzen reicht eine solche Bestimmung des historischen Platzes der entwickelten sozialistischen Gesellschaft nicht aus.

Die Bestimmung des historischen Platzes der entwickelten sozialistischen Gesellschaft ist nur möglich, wenn wir davon ausgehen, daß die entscheidenden Grundlagen des Sozialismus, der Inhalt der meisten ökonomischen Gesetze (vor allem des ökonomischen Grundgesetzes und des Gesetzes der planmäßigen proportionalen Entwicklung der Volkswirtschaft) die gleichen sind wie die der zweiten Phase der kommunistischen Produktionsweise. Das ist sicher eine ganz andere Auffassung von den kommunistischen Elementen, als sie weiter oben charakterisiert wurden. Ebenso müssen wir die Muttermale der alten Gesellschaft in umfassenderem Sinne verstehen, als das oft üblich ist. Diese Muttermale sind nicht einfache Überreste der kapitalistischen Ordnung, der Gesellschaftsordnungen, die auf dem Privateigentum überhaupt beruhten (im Bewußtsein der Menschen) sowie entsprechende Verhaltensweisen. Diese Muttermale der alten Gesellschaft liegen den Existenz- und Entwicklungsbedingungen des Sozialismus im ganzen zugrunde, welche sich aus der historischen Aufeinanderfolge von Kapitalismus und Sozialismus ergeben. Sie hängen wesentlich auch mit dem Entwicklungsniveau der Produktivkräfte, ihrer Struktur, den materiellen Bedingungen des Charakters der Arbeit und anderem zusammen.

Ein solches Herangehen bewahrt uns vor einer unrealistischen Einschätzung des historisch Erreichten. Es sei in diesem Zusammenhang auf all das hingewiesen, was Genosse HAGER in seinem Referat auf der gesellschaftswissenschaftlichen Konferenz über die Klassenbeziehungen in unserer heutigen Gesellschaft ausgeführt hat. Das Begreifen des Sozialismus als erste Phase der kommunistischen Gesellschaftsordnung ist wichtig unseres kommunistischen Ideals wegen: es ist wichtig für das richtige Verständnis der heute zu lösenden Aufgaben, weil nur so gewährleistet werden kann, daß die gesellschaftliche Gesamtentwicklung *heute* in einer Richtung verläuft, die den Gesetzmäßigkeiten des historischen Fortschritts zum Kommunismus entspricht. Diese Einheit von Logischem und Historischem ist unerläßlich, wenn wir den wesentlichen Inhalt der in dieser Periode zu lösenden Aufgaben erfassen wollen.

Die genauere Bestimmung des historischen Platzes und der Grundaufgaben der entwickelten sozialistischen Gesellschaft erfordert zweifellos eine sorgfältige, differenziertere Bestimmung dessen, was „als Entwicklung des Sozialismus auf den ihm eigenen Grundlagen“ bezeichnet wird. Die sozialistische Revolution ist die radikalste Umwälzung in der Menschheitsgeschichte; die Eroberung der *politischen* Macht durch die Arbeiterklasse unter Führung ihrer marxistisch-leninistischen Partei, die Schaffung *gesellschaftlichen Eigentums* an den Produktionsmitteln bedeuten das Ende jeglicher Ausbeutung und Unterdrückung, den Beginn der eigentlichen Menschheitsgeschichte. Zugleich beginnt der Aufbau der neuen Gesellschaft auch auf objektiven und subjektiven Grundlagen, die von der vorangegangenen Gesellschaftsordnung hervorgebracht, von ihr geprägt wurden; das gilt vor allem für die *materiellen Bedingungen*, das Entwicklungsniveau und die Struktur der Produktivkräfte und zum Teil auch für das *Bewußtsein* der Menschen; im Unterschied zur politischen Macht und den neuen objektiven Eigentumsverhältnissen ist die Entwicklung auf diesen Gebieten auch durch starke Elemente der Kontinuität, durch Überreste vorangegangener Gesellschaftsordnungen geprägt, die auf den Reifegrad der sozialistischen Eigentumsverhältnisse, der sozialistischen Produktionsverhältnisse zurückwirken. Wenn gesagt wird, die reife sozialistische Gesellschaft entwickele sich auf den von ihr selbst hervorgebrachten Grundlagen, so gilt das uneingeschränkt für die politischen und ökonomischen Verhältnisse, nicht aber in gleicher Weise für die materiell-technischen Bedingungen und das Bewußtsein der Menschen. Es ist, wie die Erfahrung lehrt, außerordentlich wichtig, diesen Umstand in der praktischen Politik zu berücksichtigen.

Untersuchen wir diese Frage etwas näher, bezogen auf die materiell-technischen Bedingungen der entwickelten sozialistischen Gesellschaft. Zweifellos erlauben die bisherigen Untersuchungen dieses Problems den Schluß, daß die der kommunistischen Produktionsweise adäquate materiell-technische Basis erst im entfalteten Kommunismus geschaffen sein wird, daß erst dann diese Gesellschaftsformation sich in vollem Maße auf den ihr eigenen, d. h. ihr *qualitativ gemäßen* materiell-technischen Grundlagen weiterentwickeln wird; erst dann werden die Muttermale der alten Gesellschaft endgültig überwunden sein. Die grundlegende Aufgabe der entwickelten sozialistischen Gesellschaft auf diesem Gebiet besteht folglich darin, durch die zielstrebige Ausnutzung der spezifischen Vorzüge und Triebkräfte dieser Gesellschaftsformation mehr und mehr auch die spezifisch materiellen Bedingungen dieser Produktionsweise auszubilden. Ebenso muß auch die historische Tragweite der Aufgabe verstanden werden, die Vorzüge des Sozialismus organisch mit den Errungenschaften der wissenschaftlich-technischen Revolution zu verbinden.

Dies bedeutet zugleich, daß die Produktivkräfte, die im Prozeß der wissenschaftlich-technischen Revolution geschaffen werden, historisch und logisch der neuen, der kommunistischen Produktionsweise zugehörig sind, daß die wissenschaftlich-technische Revolution *erst* und *nur* im Kommunismus ihre Vollendung finden kann. Das zwingt zu realistischer Bestimmung der Entwicklungsperspektiven der wissenschaftlich-technischen Revolution, bewahrt uns vor illusionären Vorstellungen über ihr mögliches Ausmaß und Tempo in der unmittelbaren Zukunft und befestigt zugleich die Zuversicht in den Sieg des Kommunismus über den Kapitalismus.

Diese weite historische Sicht, untrennbar verbunden mit der realistischen Beurteilung der gegebenen Bedingungen, ist für das tiefe Verständnis der Grundaufgaben der entwickelten sozialistischen Gesellschaft wie der unmittelbar vor uns stehenden Aufgaben zweifellos von größter Bedeutung. Sie fördert ein konstruktives Herangehen an die zu lösenden Aufgaben:

Einerseits wird deutlich, daß die Muttermale der alten Gesellschaft endgültig erst mit dem Übergang zum Kommunismus überwunden werden, erst dann sind alle Fäden, die die neue Gesellschaftsordnung mit der historisch vorangehenden verbinden, wirklich durchschnitten. Insofern werden die Muttermale der alten Gesellschaft in der Übergangsphase vom Kapitalismus zum Kommunismus in gewisser Hinsicht auf sozialistischer Grundlage auch *reproduziert*, wenn auch auf sich verengender Stufenleiter (Typ der Arbeitsmittel, materiell-technische und bestimmte subjektive Bedingungen des Charakters der Arbeit u. a.). Andererseits wird aber hierdurch deutlich, daß die Periode der entwickelten sozialistischen Gesellschaft diejenige ist, in welcher die Wesenszüge der kommunistischen Produktionsweise sich zunehmend ausprägen, die dieser gesamten Produktionsweise gemäßen materiellen, technischen, ökonomischen und politisch-moralischen und ideologischen Bedingungen zielstrebig gestaltet werden. Deshalb geht es in der Periode der entwickelten sozialistischen Gesellschaft dem Wesen der Sache auch nicht etwa um die Schaffung einer besonderen materiell-technischen Basis dieser Entwicklungsperiode, sondern um die allmähliche Herausbildung der materiell-technischen Basis des *Kommunismus*. Dies erfordert eine umfassende gesellschaftliche, soziale Sicht des wissenschaftlich-technischen Fortschritts; die direktere und zwingendere Verbindung des wissenschaftlich-technischen, des ökonomischen, sozialen und geistig-kulturellen Fortschritts gehört zu den charakteristischen Besonderheiten, den grundlegenden Aufgaben der entwickelten sozialistischen Gesellschaft. Dies bedeutet, daß die Divergenz zwischen Kapitalismus und Sozialismus auf allen Gebieten — auch in bezug auf die gesellschaftlichen Lösungen des wissenschaftlich-technischen Fortschritts — zunehmen wird.

Von großer Bedeutung für die richtige Bestimmung der Grundaufgaben der entwickelten sozialistischen Gesellschaft ist die Frage nach den Wirkungsbedingungen der ökonomischen Gesetze in dieser historischen Entwicklungsperiode. Die ökonomischen Gesetze des Sozialismus sind natürlich wesentliche innere Beziehungen im System der Produktionsverhältnisse, die ihrem Inhalt, den kapitalistischen Produktionsverhältnissen — den Produktionsverhältnissen der überhaupt auf dem Privateigentum an den Produktionsmitteln bestehenden Gesellschaftsordnungen —, direkt entegengesetzt sind. Die Frage ist aber, ob es eine relative Spezifik der Produktionsverhältnisse (und damit der ökonomischen Gesetze) der sozialistischen Phase der kommunistischen Produktionsweise gibt; oder gibt es spezifisch sozialistische Verhältnisse nur im Bereich der Verteilung, weil das Gesetz der Verteilung nach der Arbeitsleistung das einzige — im strengen Sinne des Wortes — ökonomische Gesetz des *Sozialismus* ist?

Hier muß vor allem der für beide Phasen der kommunistischen Gesellschaftsformation geltende Wesensinhalt dieser Gesetze bestimmt werden. Jede Verselbständigung der sozialistischen Phase der kommunistischen Gesellschaftsformation, jede Leugnung oder theoretische Vernachlässigung der gemeinsamen Grundeigenschaften des Sozialismus und des Kommunismus, etwa der Versuch, ein besonderes ökonomisches Grundgesetz der sozialistischen Phase zu formulieren — sind wissenschaftlich nicht haltbar und praktisch schädlich; sie machen eine richtige Bestimmung der Grundaufgaben der entwickelten sozialistischen Gesellschaft unmöglich[5], die ja *zugleich* die Periode der Schaffung der unmittelbaren Voraussetzungen für den Aufbau des Kommunismus ist. Aus der marxistisch-leninistischen Lehre von der ökonomischen Gesellschaftsformation ergibt sich zwingend die bestimmende Rolle der spezifischen Produktionsverhält-

[5] A. Paschkov, über das Eigentum an den Produktionsmitteln, über die Klassen und sozialen Gruppen sowie über den Charakter der Arbeit im Sozialismus, in: Sowjetwissenschaft, Gesellschaftswissenschaftliche Beiträge, H. 4/1972.

nisse und Gesetze, die für die *gesamte* Gesellschaftsformation gelten. Die Periode des „reifen Sozialismus" ist zugleich die Periode des „unreifen Kommunismus": die Bedeutung dieser These liegt sicher darin, daß das Verständnis des wesentlichen Inhalts der sozialistischen Phase das Verständnis des Wesens der kommunistischen Gesellschaftsformation im ganzen *voraussetzt*, wie das Verständnis des Allgemeinen immer Voraussetzung ist für das tiefe Verständnis des Besonderen.

Aber bedeutet dies alles, daß die sozialistischen Bestimmungen lediglich geringere *Quanta* der kommunistischen darstellen, daß es — innerhalb der gleichen Grundqualität — nicht auch besondere qualitative Bestimmungen des Sozialismus gibt, die für die *Gesamtheit* der gesellschaftlichen Beziehungen des Sozialismus gelten? Bedeutet dies ferner, die sozialistische Phase vom Standpunkt des Kommunismus in einer Weise zu beurteilen, daß alles dies, was es im Sozialismus und nicht im Kommunismus gibt (die materielle Interessiertheit z. B.), schlechthin als etwas der Gesellschaftsformation und *damit* (hier beginnt m. E. der Fehler) auch dem Sozialismus Wesensfremdes zu charakterisieren (mit mehr oder weniger deutlichen negativen Vorzeichen zu versehen), von dem sich schließlich nur sagen läßt, daß es möglichst bald verschwinden möge? Ist die Tatsache, daß die kommunistischen und Arbeiterparteien die strategische Zielstellung der künftigen Periode mit „entwickelter sozialistischer Gesellschaft," „reifem Sozialismus" charakterisieren, nicht darauf zurückzuführen, daß eine „Blickrichtung" notwendig ist, die dem tatsächlichen historischen Prozeß der Entwicklung vom Niederen zum Höheren gerecht wird? Und ergibt sich hieraus nicht die Notwendigkeit, an die *Gesamtheit* der spezifisch sozialistischen Verhältnisse, z. B. einschließlich der materiellen Interessiertheit — konstruktiv heranzugehen, sie zu *entfalten*: und zwar in einer Weise, die der Höherentwicklung der Gesellschaft in Richtung auf den Kommunismus maximal förderlich ist?

Meines Erachtens wird in der ökonomischen Literatur[6] zu Recht hervorgehoben, daß zum Beispiel das Ziel der Produktion in der kommunistischen Produktionsweise nur in der höchstmöglichen Befriedigung der materiellen und geistigen Bildungsweise des Volkes bestehen kann, daß aber zugleich — im Rahmen dieser qualitativ gleichen Bestimmung — auch Unterschiede zwischen der sozialistischen und kommunistischen Phase bestehen: Im Kommunismus, da auch die *Verteilung* unmittelbar nach den Bedürfnissen erfolgt, wird dieses Ziel nicht nur auf höherem Niveau, sondern auch in noch grö-

[6] M. Gatovski, Ökonomische Gesetze und Aufbau des Kommunismus, Moskau 1970, S. 90 (russ.).

ßerer Unmittelbarkeit wirksam, als dies in der Periode der entwickelten sozialistischen Gesellschaft möglich ist. Und dies ist nicht nur eine Frage der Verteilung. Die Verwirklichung des Prinzips „Jedem nach seinen Bedürfnissen" ist mit der vollen Ausprägung der kommunistischen Verhältnisse in allen Lebensbereichen verbunden, mit einer entsprechenden materiell-technischen Basis, dem kommunistischen Charakter der Arbeit, der kommunistischen Moral und Lebensweise usw.

Aus alledem Gesagten ergibt sich, daß die Gesamtheit der Produktionsverhältnisse und der ökonomischen Gesetze im Sozialismus einen gleichen gemeinsamen — eben für die sozialistische Phase geltenden sozialen Inhalt haben, dessen nähere, präzisere Bestimmung eben bedeutet, die Kriterien und grundlegenden Merkmale der entwickelten sozialistischen Gesellschaft aufzudecken.

Die relative Spezifik der sozialistischen Produktionsverhältnisse kann nur erklärt werden, wenn man von der Einheit von Logischem und Historischem ausgeht, d. h. davon, daß erstens die entscheidenden Grundlagen und wesentlichsten gesellschaftlichen Beziehungen im Sozialismus die gleichen sind wie die der gesamten kommunistischen Produktionsweise und zweitens die Muttermale der alten Gesellschaft (im engeren wie im weiteren Sinne) noch nicht überwunden sind. Dabei ist von Bedeutung: *Beide* Bestimmungen gelten für die Wirkungsbedingungen *aller* ökonomischer Gesetze und keineswegs nur für die Verteilungssphäre. Diese beiden o. a. Bestimmungen verbinden sich nicht mechanisch, sondern dialektisch miteinander. Dies bedeutet: Die Muttermale der alten Gesellschaft führen nicht einfach nur zu einer abgeschwächten, eben quantitativ geringeren Ausprägung der wesentlichen gesellschaftlichen Zusammenhänge, die für die Produktionsweise insgesamt gelten: sie durchdringen einander und führen eben zu einer bestimmten *qualitativen Spezifik* der sozialistischen Produktionsverhältnisse im Rahmen und auf der Grundlage der für die gesamte Produktionsweise geltenden; und eben hieraus ergeben sich auch die Existenz, der gesellschaftliche Inhalt derjenigen wesentlichen Zusammenhänge, die im Sozialismus existieren, nicht aber im Kommunismus. Es ist eben nicht richtig, das Gesetz der Verteilung nach der Leistung *nur* oder vornehmlich aus den Muttermalen der alten Gesellschaft zu erklären oder es gar selbst als ein solches Muttermal zu charakterisieren. Das Gesetz der Verteilung nach der Arbeitsleistung beruht *auch* auf den gesellschaftlichen Zusammenhängen, die für die gesamte kommunistische Produktionsweise gelten: die von Ausbeutung freie Arbeit, die (gesellschaftlich bestimmte) Identität von Produzent und Eigentümer. Diese besondere Qualität der Verteilungsbeziehungen kann weiterhin nicht das Resultat mechanischen Zusammenwirkens der Muttermale der alten Gesellschaft und der für die gesamte Produktionsweise geltenden wesentlichen Zusammenhänge sein; und diese spezifisch sozialistische Verteilungsweise ist eben auch nicht nur eine quantitativ abgeschwächte Verteilung nach den Bedürfnissen.

. Der wesentliche Schluß, der sich aus dem Gesagten ergibt, besteht zweifellos darin, daß der Prozeß der Gestaltung der entwickelten sozialistischen Gesellschaft die zunehmende Entfaltung der der kommunistischen Produktionsweise insgesamt zugehörigen Bestimmungen bedeutet, daß er aber zugleich keine vordergründige quantitative Zurückdrängung der spezifisch sozialistischen Bestimmungen (derjenigen, die sie auch vom Kommunismus unterscheiden) bedeutet, sondern ihre qualitative *Vervollkommnung. Entfaltung:* gerade hierdurch wird die zunehmende Ausprägung der die kommunistische Produktionsweise insgesamt charakterisierenden wesentlichen Beziehungen bewirkt.

Von großer Bedeutung ist die Beantwortung der Frage, *welcher Art die neuen Probleme* sind, die in der Periode der entwickelten sozialistischen Gesellschaft auf die Tagesordnung treten; oder: was ist wirklich neu an diesen Aufgabenstellungen, worauf bezieht sich die Forderung, sich im Denken und Handeln umzustellen? Die Beantwortung dieser Frage ist nicht nur wichtig für das richtige Verständnis der vor uns stehenden Aufgaben, sondern damit im Zusammenhang auch für die überzeugende Widerlegung revisionistischer Konzeptionen, die mit der neuen Entwicklungsetappe des Sozialismus die Absicht verbinden, den Sozialismus von den allgemeinen Gesetzmäßigkeiten des sozialistischen Aufbaus abzudrängen.

Wie aus dem XXIV. Parteitag der KPdSU, dem VIII. Parteitag der SED und den Parteitagen der anderen kommunistischen und Arbeiterparteien der sozialistischen Länder hervorgeht, besteht die Dialektik der Gestaltung der entwickelten sozialistischen Gesellschaft darin, daß einerseits ihre innere Struktur reicher, mannigfaltiger, komplizierter und sicher auch dynamischer wird; daß zugleich aber die Grundeigenschaften, die allgemeinen Gesetzmäßigkeiten des Sozialismus deutlicher hervortreten, unmittelbarer wirksam werden insofern diese gesellschaftliche Struktur durchsichtiger, durchschaubarer wird.

Genosse Honecker hat auf dem VIII. Parteitag in sehr eindringlichen, überzeugenden Worten den Sinn des Sozialismus, das Ziel aller unserer Anstrengungen bei der Gestaltung der entwickelten sozialistischen Gesellschaft dargelegt, „alles zu tun für das Wohl des Menschen, das Glück des Volkes, die Interessen der Arbeiterklasse und aller Werktätigen“. Natürlich hat es nie einen anderen Sinn des Sozialismus gegeben, gleichwohl sind wir unter den Bedingungen des reifen Sozialismus in der Lage, dieses Grundanliegen der sozialistischen Ordnung direkter, unmittelbarer zu verwirklichen. Das heißt, es ergibt sich für uns die Frage, wie der *gesamte* Reproduktionsprozeß zielstrebig in den Dienst der besseren Befriedigung der materiellen und kulturellen Bedürfnisse des Volkes gestellt werden kann, so daß die Qualität des Reproduktionsprozesses im ganzen sich verändert. Damit ist eine Vielzahl neuer Fragen verbunden, auf die hier nicht näher eingegangen werden kann.

Aus alldem folgt, daß keine der neuen, mit der entwickelten sozialistischen Gesellschaft zusammenhängenden Fragen losgelöst von den allgemeinen Gesetzmäßigkeiten des sozialistischen Aufbaus, den Grundeigenschaften des Sozialismus, untersucht und beantwortet werden kann. Es geht sicher nicht darum, an den Grundeigenschaften des Sozialismus, an den Formulierungen der ökonomischen Gesetze fortlaufend Veränderungen vorzunehmen. Wie die Erfahrung lehrt, können solche Versuche ausgesprochene Rückschritte in der theoretischen Arbeit bedeuten.

Die tiefere Erforschung der Wirkungsweise, des Wirkungsmechanismus der ökonomischen Gesetze gewinnt an Bedeutung, um den gesellschaftlichen Gesamtprozeß sicherer, zuverlässiger zu beherrschen, ihn bewußt zu gestalten. Dem Wesen der Sache nach geht es darum zu untersuchen, wie unter den Bedingungen des reifen Sozialismus und eines für den Sozialismus günstigeren internationalen Kräfteverhältnisses die allgemeinen Gesetzmäßigkeiten des Sozialismus sich deutlich ausprägen, sich in neuen Erscheinungen, Bewegungsformen verwirklichen. Diese Aufgabe ist eben nur dann zu meistern, wenn wir einerseits dem Studium der ökonomischen Gesetze des Sozialismus weit größeres Augenmerk schenken und dies zugleich mit einer sorgfältigeren gründlicheren Analyse der objektiven gesellschaftlichen Prozesse, der gesellschaftlichen Praxis verbinden und vor allem den „Mittelgliedern" zwischen den ökonomischen Gesetzen und der gesellschaftlichen Praxis — d. h. dem „Ausnutzungsmechanismus", den neuen Wirkungsbedingungen der Gesetze — größeres Augenmerk schenken. All das bedeutet, daß eben gerade die Klärung der neuen Fragen der entwickelten sozialistischen Gesellschaft auf dem festen, sicheren Fundament der Grundaussagen der marxistisch-leninistischen Theorie beruhen muß, weil die neuen Erscheinungen nichts anderes sind als Ausprägung der allgemeinen Gesetzmäßigkeiten, der Grundeigenschaften des Sozialismus.

Zwischenbemerkung von Prof. Dr. H. Luck zu den Ausführungen von Prof. Dr. H. Nick:

Zu dem, was Prof. Nick das „zentrale Problem" nannte

Die marxistisch-leninistische Wissenschaft verfügt über gesicherte Aussagen zu den Hauptmerkmalen und Unterschieden zwischen der niederen und höheren Phase der kommunistischen Gesellschaftsformation. Es sei an die Darstellung von Lenin in seiner Schrift „Staat und Revolution" erinnert. Hier wird die Entwicklung der sozialistischen Produktionsverhältnisse zugleich als Reifeprozeß, als *Veränderung* im Sinne der Bewegung zu kommunistischen Formen des gesellschaftlichen Lebens verstanden. Solche gesicherten Ergebnisse über das Wesen des Prozesses sollten nicht immer wieder „neu" auf die Tagesordnung der theoretischen Forschung gesetzt werden. Der VIII. Parteitag der SED hat die Gestaltung der entwickelten sozialistischen Gesellschaft mit der Vollendung der niederen Phase der kommunistischen Gesellschaftsformation gleichgesetzt. Vom Wesen der Prozesse her ist das richtig.

Die These vom Sozialismus als einer relativ selbständigen Gesellschaftsformation wurde korrigiert. Diese Auffassung hat im Denken und in der gesellschaftlichen Praxis zu einer Festigung der Klassenstruktur, darunter der *nichtsozialistischen* Formen geführt. Das war unvereinbar mit dem Prozeß der sozialistischen Entwicklung.

Die von Prof. Nick weiter genannten Fragen zur materiell-technischen Basis verdienen Beachtung. Hier gibt es tatsächlich neue Probleme. Aber auch hier ist es immer notwendig, von den Erkenntnissen der Klassiker auszugehen.

Beispielsweise hat sich dazu Lenin in den Thesen zum III. Kongreß der Kommunistischen Internationale geäußert. In der Literatur werden heute oft die Fragen der materiell-technischen Basis des Sozialismus und Kommunismus in Verbindung mit der wissenschaftlich-technischen Revolution so dargestellt, als wäre die wissenschaftlich-technische Revolution eine von *außen* auf die sozialistischen Produktionsverhältnisse wirkende Kraft. Eine solche Betrachtungsweise führt zu Fehleinschätzungen. Gerade hier muß vom Wesen der sozialistischen Produktionsweise und von ihren Gesetzmäßigkeiten ausgegangen werden. Deshalb halte ich für richtig die nunmehr einheitliche Auffassung, wonach das ökonomische Grundgesetz in beiden Phasen der kommunistischen Gesellschaftsformation wirkt, aber selbstverständlich die Erfordernisse dieses Gesetzes sich in der Entwicklung selbst verändern. Bei diesbezüglichen Untersuchungen und Aussagen muß deshalb vom Wesen der Produktionsweise ausgegangen werden und als Kriterium des gesellschaftlichen Fortschritts die Entwicklung der Produktivkräfte und der sozialistischen Produktionsverhältnisse gleichermaßen gesehen werden.

W. Krause

Zur Beherrschung der dialektischen Wechselbeziehungen von ökonomischer Theorie, Wirtschaftspolitik und Wirtschaftspraxis unter dem besonderen Aspekt der Vervollkommnung der Volkswirtschaftsplanung

Die Ausarbeitung und ständige Vervollkommnung der wissenschaftlichen Grundlagen für die Leitung unserer sozialistischen Gesellschaft gehört zu den Hauptaufgaben der Wirtschaftswissenschaften. Das ergibt sich objektiv aus der fortschreitenden Entwicklung der sozialistischen Produktionsverhältnisse und der progressiven Entwicklung der Produktivkräfte unter den Bedingungen der wissenschaftlich-technischen Revolution. Für die Ausarbeitung neuer Erkenntnisse in den wissenschaftlichen Grundlagen der Leitung und Planung unseres sozialistischen Aufbaus haben uns die zurückliegenden Jahre der Arbeit am und mit dem ökonomischen System des Sozialismus gute Fortschritte und viele Erfahrungen gebracht. Dabei zeigte die Praxis auch, daß einige Maßnahmen wissenschaftlich nicht ausreichend genug durchgearbeitet wurden, um den objektiven Erfordernissen der ökonomischen Gesetze des Sozialismus richtig und gut zu entsprechen. Ganz sachlich betrachtet widerspiegelt sich in diesen Problemen auch die Tatsache, daß die notwendige Einheit zwischen ökonomischer Theorie, Wirtschaftspolitik und Wirtschaftspraxis noch nicht immer vollständig genug beherrscht wird. Auf der Grundlage der Beschlüsse des VIII. Parteitages der SED ergeben sich deshalb wichtige Konsequenzen für die wirtschaftswissenschaftliche Forschung zur besseren Herausarbeitung und Beherrschung der dialektischen Wechselbeziehungen zwischen ökonomischer Theorie, Wirtschaftspolitik und Wirtschaftspraxis.

Selbstverständlich richtet sich die Wahrung dieser Einheit nicht nur an die wirtschaftswissenschaftliche Forschung selbst, sondern ist von der Sache her gleichermaßen eine Anforderung an die Tätigen in Wirtschaftspraxis und Wirtschaftspolitik. Diese Einheit zu wahren, ist Grundlage sowohl fruchtbarer wissenschaftlicher Forschung als auch nützlicher Praxis und erfolgreicher Wirtschaftspolitik.

Unsere Partei hat die dialektische Wechselwirkung und Einheit von marxistisch-leninistischer, ökonomischer Theorie, sozialistischer Wirtschaftspraxis und sozialistischer Wirtschaftspolitik stets als ein grundlegendes Prinzip sozialistischer Wirtschaftsführung hervorgehoben. Diese Einheit entspricht dem Wesen des Sozialismus und den objektiven Anforderungen an die bewußte Tätigkeit bei seiner Gestaltung. Diese Einheit ist im Kern ein Ausdruck der objektiven Tatsache, daß der Sozialismus eine *wissenschaftlich*, d. h. nach objektiven geschaffenen Entwicklungsgesetzen zu gestaltende Ordnung ist, die durch die *bewußte Tätigkeit in der Wirtschaftspraxis* vorgenommen werden muß und in ihrem politischen Charakter immer *von den Interessen der herrschenden Arbeiterklasse* ausgehen muß.

Die Wahrung der Einheit von Theorie, Praxis und Politik ist deshalb eine wichtige Frage sowohl für die wissenschaftliche Arbeit als auch für die praktische und politische Tätigkeit. Die einzelnen Abschnitte der von der Partei geführten Entwicklung unseres sozialistischen Aufbaus beweisen immer wieder, daß keine ökonomische Problematik des Sozialismus außerhalb dieser konkreten Einheit von ökonomischer Theorie, Wirtschaftspraxis und Wirtschaftspolitik gesehen werden kann. Das um so mehr, als sich immer wieder beweist, daß heutzutage jede praktische Frage des Wirtschaftsaufbaus zugleich eine große wissenschaftliche Aufgabe ist und einen tiefen sozialen und politischen Inhalt besitzt.

Im Ensemble der dialektischen Wechselwirkung von ökonomischer Theorie, Wirtschaftspraxis und Wirtschaftspolitik, das heißt in der ständigen Wahrung ihrer Einheit haben die sozusagen „drei Bestandteile" dieser Einheit jeweils eine „spezifische" Rolle zu spielen.

Es ist die Aufgabe der wirtschaftswissenschaftlichen Theorie, in dieser Wechselwirkung und Einheit die Wirtschaftspolitik wissenschaftlich zu fundieren, das heißt unsere bewußten Handlungen, Maßnahmen, Beschlüsse und Entscheidungen unter Führung der Partei zu *objektivieren.* Das verlangt, daß die Wirtschaftswissenschaft in erster Linie die allgemeine und konkrete Wirkungsweise der ökonomischen Gesetze aufdeckt. Je weniger ihr das gelingt, desto „subjektiver" werden bestimmte Handlungsweisen sein, desto öfter werden bestimmte Erkenntnisse „umgestoßen" werden können.

Die Wirtschaftspraxis ist in dieser Einheit das entscheidende Feld der Wahrheit. Es ist die Praxis, in der ein Fortschritt erzielt werden muß, bei der bewußten Ausnutzung der ökonomischen Gesetze. Am Fortschritt in der sozialistischen Praxis wird sich erweisen, inwieweit die wissenschaftlichen Grundlagen der Führung der sozialistischen Gesellschaft objektiv begründet und den objektiven Gesetzen und Realitäten entsprechen. Die entscheidende Rolle der Praxis in der Wechselwirkung mit der ökonomischen Theorie besteht vor allem darin, daß die bewußte Handlung der Arbeiterklasse und aller Werktätigen unter Führung der Partei die Quelle neuer Erkenntnisse ist. Gerade diese Tatsache weist darauf hin, daß stärker als je zuvor jede Forschungsaufgabe mit dem Studium der praktischen Erfahrungen des sozialistischen Aufbaus beginnen muß. Das ist auch deswegen notwendig, um bereits in der Forschung die notwendigen Realisierungsbedingungen für neue Erkenntnisse rechtzeitig einschätzen zu können. Die Berücksichtigung der Realisierungsbedingung muß Bestandteil der wissenschaftlichen Lösung sein.

Die ökonomische Theorie und Wirtschaftspraxis in Einheit mit der Wirtschaftspolitik zu entwickeln, das bedeutet, in der wissenschaftlichen Arbeit und in unserer bewußten praktischen Handlung vom Standpunkt der Arbeiterklasse auszugehen, von ihren politischen Zielen und sozialen Interessen. Das bedeutet, die ökonomische Theorie so in der Praxis anzuwenden, daß der Fortschritt zum Nutzen der Arbeiterklasse und aller Werktätigen ist. Das bedeutet, die bewußte Handlung zur Durchsetzung der ökonomischen Gesetze des Sozialismus so anzulegen, daß stets damit die Macht der Arbeiterklasse gefestigt und die führende Rolle der Partei weiterentwickelt wird.

Das Komplizierte besteht offensichtlich darin, daß die Einheit von ökonomischer Theorie, Wirtschaftspraxis und Wirtschaftspolitik nicht ein für allemal gegeben ist, sondern stets aufs neue hergestellt werden muß und immer wieder der konkreten Entwicklung unterliegt.

Selbstverständlich steht die Verantwortung dafür nicht nur vor den Wirtschaftswissenschaftlern, sondern ebenso vor den Wirtschaftspraktikern und vor den Tätigen in der Wirtschaftspolitik. Es geht nicht nur darum, daß ausreichende Ergebnisse aus der ökonomischen Theorie praktisch genutzt werden *können*. Es geht auch darum, daß der in der Wirtschaftspraxis Tätige die vorhandenen Erkenntnisse der ökonomischen Theorie auch nutzen muß und *will*. Somit ist die Herstellung der Einheit zwischen ökonomischer Theorie, Wirtschaftspraxis und Wirtschaftspolitik auch eine „subjektive Pflicht" aller an dieser Einheit beteiligten Personen. Die Einheit wird auch dann um so besser hergestellt werden bzw. ständig gewahrt sein, je besser das persönliche kameradschaftliche Verhältnis zwischen allen in der ökonomischen Theorie, Wirtschaftspraxis und Wirtschaftspolitik Tätigen ist.

Unsere Erfahrungen sagen dabei auch, daß es notwendig ist, die Einheit zwischen ökonomischer Theorie, Wirtschaftspraxis und Wirtschaftspolitik stets *zeitbezogen* zu sehen. Es müssen in der jeweiligen Etappe die Schwerpunkte herausgearbeitet werden, unter denen sich die ökonomischen Gesetze in der Praxis entsprechend den politischen Zielen konkret durchsetzen. Deshalb ist es nicht im Sinne der dialektischen Wechselwirkung der drei Bestandteile dieser Einheit, wenn vielleicht einige in der Theorie Tätige ihre Rolle darin sehen, nur immer das Allgemeingültige zu betonen und immer wieder auf das Prinzipielle der ökonomischen Theorie hinweisen und das Konkrete, das heißt, das in der jeweiligen Zeit in Praxis und Politik durchzusetzende Prinzip sozusagen den Praktikern und Politikern überlassen wollen.

Da die Planung das Kernstück der Leitung der sozialistischen Gesellschaft ist und die Planmäßigkeit eine erstrangige objektive Gesetzmäßigkeit der Bewegung der sozialistischen Gesellschaft darstellt, ist es kein Zufall, daß gerade die Einheit von ökonomischer Theorie, Wirtschaftspraxis und Wirtschaftspolitik in der Planung von außerordentlicher Bedeutung ist.

Es ist deshalb erforderlich, die Rolle der wirtschaftswissenschaftlichen Forschung in der Hinsicht zu erhöhen, daß sie die objektiven Grundtendenzen der Gestaltung der sozialistischen Gesellschaft in der gegenwärtigen Zeit konkreter herausarbeitet und *in begründete Anforderungen in der Planung* umsetzt. Dabei geht es in erster Linie um die konkrete Erforschung der Wirkungsbedingungen des ökonomischen Grundgesetzes des Sozialismus und des Gesetzes der planmäßigen proportionalen Entwicklung unter den gegenwärtigen Bedingungen der sozialistischen Produktionsweise und der wissenschaftlich-technischen Revolution.

Eine solche Grundtendenz besteht offensichtlich darin, daß die Entwicklung der sozialistischen Produktionsverhältnisse und Produktivkräfte die Möglichkeit geben, daß der *Zusammenhang zwischen Produktion und Konsumtion immer unmittelbarer* wird. Bei Sicherung des Vorlaufs für zukünftiges Wachstum der sozialistischen Wirtschaft können und müssen *gleichzeitig* damit immer mehr Kräfte und Mittel auf die unmittelbare Hebung des Lebensniveaus der Menschen und ihrer allseitigen Entwicklung konzentriert werden. Das erfordert eine immer engere Verbindung der Erhöhung des Lebensstandards mit der Organisation der Arbeit der Werktätigen und vor allem die *Erhöhung der Effektivität der gesellschaftlichen Produktion.*

Eine andere damit verbundene Grundtendenz besteht offensichtlich darin, daß der *wissenschaftlich-technische Fortschritt immer mehr Möglichkeiten für eine solche ständige Erhöhung der Effektivität der gesellschaftlichen Produktion bietet.* Es erhöht sich das Entwicklungstempo von Wissenschaft und Technik und die Rolle der Einführung ihrer Ergebnisse in die produktive Nutzung als Hauptquelle der Steigerung der Arbeitsproduktivität. Indem diese Potenzen immer besser entwickelt und ausgenutzt werden, kann höhere Effektivität der gesellschaftlichen Produktion den Zusammenhang zwischen Produktion und Konsumtion immer unmittelbarer werden lassen.

Eine *dritte Grundtendenz* besteht darin, daß durch eine progressive Struktur der Produktivkräfte im Rahmen des sozialen und wissenschaftlich-technischen Fortschritts der entwickelten sozialistischen Gesellschaft die *Ressourcen für die Gewährleistung der volkswirtschaftlichen Proportionalität ständig erweitert werden können und somit die Bedingungen zur Aufrechterhaltung der Pro-*

portionalität im Sinne einer höheren Effektivität und stärkeren Annäherung von Produktion und Konsumtion verbessert werden können. Die zu gestaltende Proportionalität muß sich vor allem dadurch auszeichnen, daß sie bei Aufrechterhaltung eines hohen ökonomischen Wachstumstempos eine immer bessere Kombination der Zweige gewährleistet. Diese Grundtendenz ist untrennbar mit der weiteren Vertiefung der sozialistischen ökonomischen Integration verbunden und eigentlich nur durch sie zu verwirklichen.

Ebenso nachdrücklich muß herausgearbeitet werden, daß die ökonomische Entwicklung in der gegenwärtigen Entwicklungsetappe des Sozialismus mit einer zunehmenden sozialistischen Vergesellschaftung verbunden ist, das heißt mit der wachsenden Spezialisierung und Konzentration auf der Grundlage der Vertiefung der Arbeitsteilung (sowohl im nationalen als auch im internationalen Maßstab des sozialistischen Wirtschaftssystems). Daraus ergeben sich objektiv eine Erweiterung der Maßstäbe unserer Wirtschaftseinheiten und die Notwendigkeit einer weiteren Festigung rationeller Formen der Konzentration und Kombination in der Leitung der materiellen Produktion und Wissenschaft. Dieses hohe und stetig steigende Niveau der Vergesellschaftung konfrontiert die Planung schärfer mit der Aufgabe, den gesellschaftlichen Bedarf zu bestimmen, der im Gegensatz zum individuellen oder örtlichen Bedarf wesentlich vielfältiger und dynamischer ist. Das erfordert auch, das Verhältnis zwischen zentraler Planung und Eigenverantwortung der wirtschaftsleitenden Organe immer besser zu gestalten.

Es geht hier darum, mit dem Hinweis auf diese objektiven Grundtendenzen und ihrer konkreten Wirkungsweise in der jetzigen Entwicklungsetappe unseres sozialistischen Aufbaus zu unterstreichen, daß die ökonomische Forschung sich konkreter auf diese Erfordernisse der Wirtschaftspraxis und Wirtschaftspolitik konzentrieren muß. Nicht wenige Institutionen und Wissenschaftler stellen zuweilen „originelle" Schwerpunkte der ökonomischen Entwicklung heraus, anstatt eine kollektive Leistung der Wirtschaftswissenschaft bei der Erarbeitung von Schwerpunkten zu fördern. So wie der Auftrag an den neuen Wissenschaftlichen Rat für Wirtschaftswissenschaft lautet, sollte deshalb auch ein wichtiges Anliegen darin bestehen, diese Schwerpunkte der konkreten ökonomischen Entwicklung herauszuarbeiten und an die Spitze der kollektiven Tätigkeit der Wirtschaftswissenschaftler zu stellen. Das ist ein wesentlicher Beitrag zur Einheit von Theorie, Praxis und Politik.

Was die Planung als Leitungs*instrument* selbst betrifft, so gibt es auch hier die Notwendigkeit, die Einheit von ökonomischer Theorie, Wirtschaftspraxis und Wirtschaftspolitik immer besser herzustellen. Die Schwankungen in der wissenschaftlichen Begründung und Erarbeitung von Verfahren, Instrumenten und Methoden der Planung waren in der Vergangenheit zu groß. Die Kontinuität in der Vervollkommnung der Planung war zu gering. Es sollte als eine wesentliche Aufgabe angesehen werden, die Einheit von ökonomischer Theorie, Wirtschaftspraxis und Wirtschaftspolitik im Prozeß der Vervollkommnung der Planung auch unter dem Gesichtspunkt zu sehen, daß durch diese Einheit eine Kontinuität in die Vervollkommnung der Planung gebracht werden muß. Die Vervollkommnung der Planung muß als ein permanenter Prozeß der Einheit von neuen Erkentnissen der ökonomischen Theorie, der Aufrechterhaltung des in der Wirtschaftspraxis Bewährten und der Einstellung der Instrumente auf die wirtschaftspolitischen Ziele angesehen werden.

Die Erfahrungen der letzten Jahre weisen auf bestimmte Prinzipien zur Wahrung der Kontinuität im Planungsprozeß hin, die hier unterstrichen werden sollen:

1. Die Vervollkommnung der Planung muß stets die *Einheit von Stabilität angewandter Methoden und Flexibilität in der Einstellung auf neue Erfordernisse* bedeuten.

Wissenschaftlichkeit in der Vervollkommnung der Planung ist unter diesem Gesichtspunkt auch vor allem ein Auftrag an die Wirtschaftswissenschaft, Bewährtes in der Praxis der Planung zu bewahren. Wissenschaft in diesem Sinne ist auch der Auftrag, gesichertes Wissen zu schaffen, das heißt, alles was sich in der Praxis und in der Wirtschaftspolitik bewährt hat zu verallgemeinern und zu einem dauernden Prinzip zu machen. Ein solches Herangehen wird stark dazu beitragen können, Extreme und Einseitigkeiten in der Vervollkommnung der Planung zu vermeiden. In dieser Hinsicht soll offen gesagt werden, daß sich bestimmt nicht die Zeit als die wissenschaftlich produktivste erwiesen hat, in der viele neue Begriffe geboren wurden.

2. Kontinuität in der Vervollkommnung der Planung zu wahren, bedeutet, bei der *Vervollkommnung selbst nach Schwerpunkten vorzugehen und gleichzeitig immer das ganze System der Planung im Auge zu haben.* Es ist nicht sinnvoll, zu jeder Zeit auf allen Gebieten sozusagen „Neuerungen" einzuführen. Dabei wird weder das Notwendige tiefgründig gemacht, noch das Mögliche realisiert werden können. Gegenwärtig ist die Vervollkommnung der Planung zur Steigerung der Arbeitsproduktivität eine der entscheidendsten Fragen. Es ist ein Schwerpunkt, die Planung der Arbeitsproduktivität zu verbessern. Im Grunde genommen ist das eine sehr komplexe Aufgabe. Sie beginnt mit der Verbesserung der Planung der Überleitung wissenschaftlich-technischer Ergebnisse in die produktive Nutzung. Sie ist auf das engste mit der schrittweisen Gestaltung einer langfristigen Planung, insbesondere zur ökonomischen Integration mit der UdSSR und den anderen Ländern des RGW verbunden. Die Arbeitsproduktivitätsplanung zu vervollkommnen, bedeutet auch die Faktoren ihrer Steigerung in den Betrieben und Kombinaten exakter zu berechnen,

um die dazu notwendigen Bedingungen im Plan komplex zu bilanzieren. Und schließlich bedeutet Vervollkommnung der Planung der Arbeitsproduktivität gegenwärtig auch, die Kennziffer Arbeitsproduktivität aussagefähiger zu gestalten und sie in das System der ökonomischen Stimulierung an hervorragender Stelle einzuordnen.

Dieser Schwerpunkt, der in der Vervollkommnung der Planung der Arbeitsproduktivität gesehen wird, ist zugleich eine Aufgabe, die mit dem Blick auf die weitere Vervollkommnung des ganzen Planungs- und Stimulierungssystems zu leisten ist.

3. Die Vervollkommnung der Planung kontinuierlich vorzunehmen und die Einheit zwischen Theorie, Praxis und Wirtschaftspolitik zu festigen, bedeutet denn auch, *Neuerungen in der Planung gründlich zu erproben und rechtzeitig vorzubereiten.* Die Theorie darf sich in diesem Sinne nicht von einer „subjektiven Ungeduld" der Praxis zu „Neuerungen" treiben lassen, die sich dann in der Praxis nicht als solche erweisen können. Andererseits darf die Wirtschaftspraxis nicht als konservativ und ängstlich betitelt werden, wenn sie wissenschaftlichen Neuerungen erst dann ihre vorbehaltlose Zustimmung gibt, wenn alles gründlich erprobt und vorbereitet ist.

4. Immer stärker wird deutlich, daß Kontinuität in der Vervollkommnung der Planung nur möglich ist, wenn die *Vervollkommnung der Planung selbst mit der Vervollkommnung der gesamten Leitung verbunden* wird. Eine ganze Reihe von Fragen der Vervollkommnung der Planung werden in gewisser Hinsicht auch gehemmt durch unzureichende wissenschaftliche Bearbeitung von Leitungsfragen. Die Erkenntnisse der UdSSR in der Entwicklung und schrittweisen Einführung automatisierter Systeme der Leitung werden völlig zu Unrecht gegenwärtig bei uns nicht genügend wirksam genutzt. Im Grunde genommen beweist die UdSSR jedoch in der Praxis damit, daß die Vervollkommnung der Planung als Bestandteil der weiteren Vervollkommnung der Leitungsprozesse insgesamt am besten wirksam wird.

5. Ein entscheidender Schwerpunkt zur Wahrung der Einheit von Theorie, Wirtschaftspolitik besteht gegenwärtig bei der Vervollkommnung der Planung auch darin, *den Planungsprozeß wesentlich zu rationalisieren.* Dabei darf jedoch nicht Rationalisierung mit einer simplen Vereinfachung gleichgesetzt werden und gar in dem Sinne, daß man nur „die Hälfte" der Plankennziffern und Planinformationen reduzieren müßte, um rationeller zu werden. Rationalisierung in der Planung ist unumgänglich verbunden mit zunehmender Anwendung ökonomisch-mathematischer Verfahren und der elektronischen Datenverarbeitung. Rationalisierung in der Planung verlangt den schrittweisen Aufbau einer umfassenden Normativbasis in der Planung. Rationalisierung in der Planung erfordert eine weitere Festigung der Einheit des Systems der direktiven

Plankennziffern mit der Anwendung der ökonomischen Stimulierung. Und schließlich ist Rationalisierung in der Planung wesentlich damit verbunden, daß die Einheit zwischen lang-, mittel- und kurzfristiger Planung immer mehr gefestigt wird. In allen diesen Richtungen der Rationalisierung der Planung liegt die konkrete Verwirklichung der Einheit von ökonomischer Theorie (neuen Erkenntnissen der Vervollkommnung des Planungssystems), der Wirtschaftspraxis (der immer besseren Beherrschung des komplizierten Prozesses der Planung und der objektiv wachsenden Informationen in diesem Prozeß) und der Wirtschaftspolitik (die Methoden stets dem inhaltlichen Anliegen der Wirtschaftsentwicklung unterzuordnen und sie für die bewußte Handhabung durch die Werktätigen immer klarer und überschaubarer zu gestalten).

Prof. Dr. H. Milke

Politökonomische Aspekte zum Verhältnis zwischen ökonomischer Theorie, Wirtschaftspolitik und Wirtschaftspraxis

Den vorliegenden Thesen gebe ich meine Zustimmung.

Es wurde in der Diskussion schon dargelegt, daß die Klassiker des Marxismus-Leninismus sich mit dem Verhältnis zwischen ökonomischer Theorie, Politik und Praxis in umfassender Weise beschäftigt haben. Auch auf diesem Gebiet verfügen wir über gesicherte theoretische Erkenntnisse. Die inhaltliche und praktische Bewältigung dieser Frage ist jedoch eine der wichtigsten und zugleich schwierigsten Aufgaben der politischen Ökonomie des Sozialismus. Insgesamt ist die weitere Erforschung der Wechselbeziehungen zwischen der politischen Ökonomie des Sozialismus, der sozialistischen Wirtschaftspolitik und -praxis von großem theoretischem und praktischem Wert. Sie erschließt Möglichkeiten, damit die politische Ökonomie des Sozialismus im Interesse der Hauptaufgabe des VIII. Parteitages der SED ihrer produktiven und bewußtseinsbildenden Funktion mit noch größerer Effektivität gerecht wird, den theoretischen Reichtum der ökonomischen Lehre der Klassiker des Marxismus-Leninismus und der Beschlüsse der kommunistischen und Arbeiterparteien und insbesondere der KPdSU noch umfassender ausschöpft und einen wirksamen Beitrag bei der Gestaltung der entwickelten sozialistischen Gesellschaft leistet. Jede Loslösung der Theorie der politischen Ökonomie vom Kampf der Partei ist gleichbedeutend mit der Aufgabe ihrer Wissenschaftlichkeit.

Maßstab sowohl für die wissenschaftliche Effektivität der politischen Ökonomie des Sozialismus als auch für die Erfolge sozialistischer Wirtschaftspolitik sind die realen, effektiven Fortschritte, die bei der Verbesserung des materiellen und kulturellen Lebensniveaus der Arbeiterklasse und des ganzen Volkes erreicht werden. In diesem Zusammenhang ist auch der aktive Einfluß der Wirtschaftspolitik und der wirtschaftlichen Praxis auf die Entwicklung der politischen Ökonomie des Sozialismus festzuhalten. Die politische Ökonomie und die staatlichen wirtschaftsleitenden Organe analysieren ständig die Praxis, um sie entsprechend dem System ökonomischer Gesetze, vor allem dem ökonomischen Grundgesetz des Sozialismus, fortwährend progressiv zu verändern.

Die Wirtschaftspraxis einer planmäßig geleiteten Volkswirtschaft ist Realisierung und Vergegenständlichung der ökonomischen Theorie. Wir sind mit sowjetischen Politökonomen einer Meinung, daß man die ökonomische Theorie nicht nur aus der Theorie selbst entwickeln kann, sondern daß die politische Ökonomie in dem Maße ihre Aufgabe löst, wie sie auf die Fragen unseres Lebens wissenschaftlich begründete Antworten gibt, ihren produktiven Beitrag zur weiteren Erhöhung des materiellen und kulturellen Lebensniveaus und der Steigerung der Arbeitsproduktivität leistet.

Natürlich dürfen die dialektischen Zusammenhänge zwischen der politischen Ökonomie und der Wirtschaftspolitik nicht mechanisch vereinfacht werden. Die politische Ökonomie ist nicht nur die theoretische Grundlage der sozialistischen Wirtschaftspolitik, sondern auch aller wirtschaftswissenschaftlichen Disziplinen. Die sozialistische Wirtschaftspolitik setzt nicht nur die Erkenntnisse der politischen Ökonomie, sondern auch der anderen Wirtschaftswissenschaften und anderer gesellschafts- und auch naturwissenschaftlicher Disziplinen um. Es geht zudem darum, die Aktivität aller wirtschaftswissenschaftlichen Disziplinen zu erhöhen und ihre Zusammenarbeit zu verstärken. Das wird auch zu einer effektiven Profilierung der wirtschaftswissenschaftlichen Lehr- und Forschungsgegenstände und zur Vertiefung der Gemeinschaftsarbeit, zum Beispiel zwischen der politischen Ökonomie, der Industrieökonomik und der sozialistischen Betriebswirtschaft, beitragen. Die Wirksamkeit der wirtschaftswissenschaftlichen Arbeit für die Wirtschaftspolitik, das lehren vor allem auch die Erfahrungen sowjetischer Wirtschaftswissenschaftler, ist um so höher, je intensiver jede wirtschaftswissenschaftliche Disziplin auf der Grundlage der politischen Ökonomie des Sozialismus ihre Aufgaben erfüllt. Die politische Ökonomie des Sozialismus muß sich dabei entschiedener den Grundfragen der gesellschaftlichen Entwicklung zuwenden und dazu auch ihre analytische Arbeit verstärken.

Insbesondere möchte ich aber einige Bemerkungen zur weiteren Erforschung der ökonomischen Gesetze des Sozialismus machen.

In den vergangenen Jahren hat die politische Ökonomie des Sozialismus vor allem dank der hervorragenden Arbeit der sowjetischen Ökonomen Fortschritte bei der Erforschung der Wirkungsweise und der Erfordernisse der objektiven ökonomischen Gesetze erzielt. Bei der Aufgabenstellung, alle Quellen ökonomischen Wachstums so effektiv wie möglich für die weitere Erhöhung des Lebensniveaus der Arbeiterklasse und des ganzen Volkes zu nutzen, tritt die Erforschung des Zusammenwirkens ökonomischer Gesetze im volkswirtschaftlichen Reproduktionsprozeß und im Prozeß der sozialistischen ökonomischen Integration immer stärker in den Vordergrund.

Sowjetische Ökonomen heben die Notwendigkeit hervor, dabei auch die Arbeit an den inhaltlichen und methodologischen Grundlagen für eine Analyse der ökonomischen Gesetze des Sozialismus in ihrem Zusammenwirken wesentlich zu verstärken. Für diese Arbeit werden u. a. folgende Gesichtspunkte hervorgehoben:

Im Zentrum der ökonomischen Gesetze des Sozialismus steht das ökonomische Grundgesetz. Als Fundament des Systems ökonomischer Gesetze drückt es das Wesen der kommunistischen Gesellschaftsformation aus: das Ziel der gesellschaftlichen Produktion wie die entscheidenden Mittel zu seiner Realisierung. Von Bedeutung für die weitere Ausarbeitung der politischen Ökonomie des Sozialismus ist die Bestimmung des Ausgangsproduktionsverhältnisses. MARX konnte, ausgehend von der Analyse der Ware und der Entfaltung der Wertkategorien, den Kapitalismus in der Entwicklung seiner Widersprüche als Gesamtheit erfassen. Zur Ausgangskategorie des Sozialismus gibt es unterschiedliche Meinungen. Gegenstand der konstruktiven Diskussion sind vor allem das gesellschaftliche Eigentum an den Produktionsmitteln, die Kollektivität der Produktion und die Planmäßigkeit.

Es ist weiterhin notwendig, die Einheit des Reproduktionsprozesses zu beachten und die durchgängige Wirkung der ökonomischen Gesetze in allen Phasen des Reproduktionsprozesses zu erforschen. Der Prozeß der erweiterten sozialistischen Reproduktion ist das Wirkungsfeld der ökonomischen Gesetze. Obwohl jedes ökonomische Gesetz einen bestimmten objektiven Zusammenhang der sozialistischen Produktionsweise kennzeichnet, wirkt es auf den gesamten sozialistischen Reproduktionsprozeß ein. So wirkt das Gesetz der Verteilung nach der Arbeitsleistung nicht nur in der Sphäre der Verteilung, sondern vor allem auch in der Produktion, indem die Werktätigen auf der Grundlage exakter Normen zu hohen Arbeitsleistungen planmäßig anzuregen sind.

Für die sozialistische Leitung und Planung ist ferner die politökonomische Erkenntnis wesentlich, daß die ökonomischen Gesetze planmäßig nur im Komplex genutzt werden können. Die isolierte Ausnutzung eines Gesetzes muß zwangsläufig zur Einseitigkeit bei ökonomischen Entscheidungen führen. Die mit einem einzelnen Gesetz verbundenen Erfordernisse können in einem bestimmten Punkt in Widerspruch zu den Erfordernissen anderer Gesetze geraten. Hier sind nicht extreme, sondern optimale wirtschaftspolitische Entscheidungen erforderlich.

Die harmonische und proportionale Entwicklung der sozialistischen Volkswirtschaft im Interesse der Erfüllung der Hauptaufgabe des VIII. Parteitages schließt ein, bei der Durchsetzung der objektiven ökonomischen Gesetze, ihre Erfordernisse auf die günstigste Art und Weise zu kombinieren. Nur so können alle Vorzüge des Sozialismus genutzt und auftretende Widersprüche so gelöst werden, daß sie die ökonomische und soziale Entwicklung vorantreiben. Dabei bedingen sich ökonomische und sozialpolitische Fortschritte zunehmend.

Zugleich sind vor allem die neuen Wirkungsbedingungen der ökonomischen Gesetze zu erforschen. Dabei stehen die neuen Wirkungsbedingungen der objektiven ökonomischen Gesetze des Sozialismus in unmittelbarer Verbindung mit solchen grundlegenden gesellschaftswissenschaftlichen Forschungskomplexen wie dem historischen Platz der entwickelten sozialistischen Gesellschaft und den Gemeinsamkeiten von Sozialismus und Kommunismus als Entwicklungsstufen der einheitlichen kommunistischen Formation, der allmählichen Verwischung der sozialökonomischen Unterschiede, der allmählichen Überwindung der wesentlichen Unterschiede zwischen Stadt und Land, geistiger und körperlicher Arbeit. Im Grunde genommen führt in wesentlichem Maße auch die organische Verbindung der Vorzüge des Sozialismus mit den Errungenschaften der wissenschaftlich-technischen Revolution über die immer wirksamere Ausnutzung der objektiven ökonomischen Gesetze des Sozialismus. In diesem Zusammenhang ist auch die Notwendigkeit herangereift, noch fundiertere Analysen des sozialistischen Reproduktionsprozesses auszuarbeiten. Im sozialistischen Reproduktionsprozeß wirkt das System der ökonomischen Gesetze, werden die wachsenden ökonomischen Verflechtungen realisiert, ergänzen und widersprechen sich die einzelnen Erfordernisse ökonomischer Gesetze. Das erfordert heute theoretisch gründlicher und praxiswirksamer zu untersuchen, wie sich die Erfordernisse der ökonomischen Gesetze und die Möglichkeiten ihrer Kombination unter den Bedingungen einer vorwiegend intensiv erweiterten Reproduktion entwickeln. Das sind Fragen, die auch die Quantifizierung ökonomischer Gesetze, dort, wo sie möglich ist, betreffen.

Bedeutsam ist für die gesamte politökonomische Forschung die Analyse der internationalen Wirkungsbedingungen ökonomischer Gesetze. Mehr noch: Bei der weiteren Erforschung des Systems ökonomischer Gesetze gibt es keinen wirksamen Fortschritt der Erkenntnisse, wenn nicht in Kooperation mit den Politökonomen der Länder des RGW zielstrebig die Erfordernisse der ökonomischen Gesetze im Prozeß der sozialistischen ökonomischen Integration untersucht werden und wenn nicht zugleich der aktive Einfluß der sozialistischen Integration auf den nationalen Reproduktionsprozeß analysiert wird.

Was die These 14 der vorliegenden Materialien betrifft, sollten die Formulierungen wie folgt präzisiert werden:

- Bei der Frage der Übereinstimmung zwischen gesellschaftlichen Erfordernissen, kollektiven und persönlichen Interessen muß zum Ausdruck kommen, daß die Interessen der Arbeiterklasse die bestimmenden Interessen bei der Gestaltung der Ökonomik der entwickelten sozialistischen Gesellschaft sind.
- Der Hinweis auf die Deckungsgleichheit zwischen einer bedarfsgerechten Produktion und einer hohen Gewinnerwirtschaftung ist zu perfektionistisch

formuliert und müßte außerdem noch durch einige Erläuterungen theoretisch untersetzt werden, denn wir gestalten die wirtschaftliche Rechnungsführung so, daß die Betriebe dann den höchsten Gewinn zu erzielen in der Lage sind, wenn ihre Erzeugnisse und Leistungen den volkswirtschaftlichen Erfordernissen der Hauptaufgabe des VIII. Parteitages der SED in Menge, Sortiment und Qualität entsprechen. Zudem sind diese Probleme auch mit der Schaffung und Entwicklung von Normen und Normativen in unmittelbare Verbindung zu bringen.

Prof. Dr. H. Luft

Zur einheitlichen Wirkungsrichtung der ökonomischen Gesetze des Sozialismus

Eine wichtige Frage der Ausnutzung der ökonomischen Gesetze des Sozialismus in der Wirtschaftspolitik ist ihre Wirkungsrichtung. Mit der Bestimmung des Ziels der sozialistischen Produktion verleiht das ökonomische Grundgesetz des Sozialismus dem System der ökonomischen Gesetze eine einheitliche Wirkungsrichtung, wie sie in dem auf dem VIII. Parteitag der SED hervorgehobenen Sinn des Sozialismus zum Ausdruck kommt. Die spezifischen ökonomischen Gesetze des Sozialismus zeichnen sich überhaupt dadurch aus, daß *erstens* ihre Erfordernisse nur bewußt durchgesetzt werden können und *zweitens* den Interessen der Arbeiterklasse und aller Werktätigen entsprechen.

Dieser Charakter der ökonomischen Gesetze des Sozialismus ergibt sich aus dem Wesen des sozialistischen Eigentums als gesellschaftliches Eigentum. Es beruht auf der eigenen kollektiven Arbeit der Eigentümer, ist im Rahmen seiner Formen weder aufteilbar noch monopolisierbar, sondern gewährleistet vielmehr, daß alle Werktätigen im Rahmen seiner jeweiligen Form gleichberechtigte Eigentümer der Produktionsmittel sind. Deshalb besteht das Ziel der sozialistischen Produktion in der immer vollständigeren Befriedigung der wachsenden materiellen und kulturellen Bedürfnisse des Volkes, ist die Produktion der Bedürfnisbefriedigung der Menschen untergeordnet.

In seiner führenden Form als Volkseigentum vereinigt das sozialistische Eigentum die Betriebe und Zweige der Volkswirtschaft zu einem einheitlichen Ganzen und ermöglicht dadurch eine neue, höhere Form der gesellschaftlichen Organisation der Produktion – die planmäßige Kooperation der Arbeit im Maßstab der gesamten Volkswirtschaft und darüber hinaus im Rahmen der sozialistischen Staatengemeinschaft. Es wirkt das Gesetz der planmäßigen proportionalen Entwicklung der Volkswirtschaft. Es erfordert, *erstens* die Entwicklung der Volkswirtschaft als Ganzes sowie ihrer Bereiche, Zweige und Betriebe planmäßig zu leiten und *zweitens* die proportionale Entwicklung der Volkswirtschaft zu gewährleisten. Das heißt, die sozialistische Wirtschaft ist Planwirtschaft und kann nur als Planwirtschaft existieren – darin besteht einer ihrer großen Vorzüge gegenüber der anarchischen, vom Fieber des Profitstrebens und Konkurrenzkampfes geschüttelten kapitalistischen Wirtschaft. Das bedeutet zugleich, daß nicht die Planung im Sozialismus ein Element der Warenproduktion ist, sondern die Ware-Geld-Beziehungen Element der sozialistischen Planwirtschaft.

Wegen dieser hervorragenden Bedeutung der Planmäßigkeit als bestimmend für den Typ der sozialistischen Wirtschaftsordnung sehen einige Wirtschaftswissenschaftler in Anlehnung an ZAGOLOW[1] in der Planmäßigkeit den Ausgangspunkt des Systems der sozialistischen Produktionsverhältnisse überhaupt. Aber ein planmäßiger Wirtschaftsablauf ist nur möglich dank der politischen Macht der Arbeiterklasse und ihrer Verbündeten und der Existenz des sozialistischen Eigentums an den Produktionsmitteln, das als gesellschaftliches Eigentum die Existenzbedingung des ökonomischen Grundgesetzes des Sozialismus wie des Gesetzes der planmäßigen proportionalen Entwicklung der Volkswirtschaft und überhaupt aller spezifischen ökonomischen Gesetze des Sozialismus ist, die Natur der Warenproduktion qualitativ verändert hat, an Stelle der Ausbeutung des Menschen durch den Menschen Beziehungen der kameradschaftlichen Zusammenarbeit und sozialistischen gegenseitigen Hilfe hervorbringt, an Stelle des Konkurrenzkampfes den sozialistischen Wettbewerb ermöglicht, worin z. B. I. I. KUSMINOW das grundlegende sozialistische Produktionsverhältnis sieht.[2] Deshalb vertreten OSTROWITJANOW in dem von der Akademie der Wissenschaften der UdSSR nun schon in mehreren Auflagen herausgegebenen Lehrbuch der Politischen Ökonomie[3], desgl. das Autorenkollektiv eines vierbändigen sowjetischen Lehrbuchwerkes zur Politischen Ökonomie unter Leitung von G. A. KOSLOW die Auffassung, daß das sozialistische Eigentum als gesellschaftliches Eigentum die Ausgangskategorie der Politischen Ökonomie des Sozialismus im Sinne des grundlegenden Produktionsverhältnisses des Sozialismus/ Kommunismus und der Existenzbedingung der ökonomischen Gesetze des Sozialismus ist.[4] A. M. RUMJANZEW spricht in diesem Zusammenhang vom gesellschaftlichen Eigentum als der Grundlage der inneren Struktur der sozialisti-

[1] Vgl. Lehrbuch Politische Ökonomie des Sozialismus. Autorenkollektiv unter Leitung von N. A. ZAGOLOV, Berlin 1972, S. 119.

[2] Vgl. I. I. KUSMINOW, Grundzüge der Politischen Ökonomie des Sozialismus, Moskau 1971, S. 130.

[3] Politische Ökonomie. Lehrbuch. 4. Ausgabe, Berlin 1965, S. 441, 452.

[4] Vgl. Autorenkollektiv der Parteihochschule beim ZK der KPdSU: Politische Ökonomie. Bd. 3. Der Sozialismus — die erste Phase der kommunistischen Produktionsweise, Moskau 1970, S. 128.

schen (kommunistischen) Gesellschaft[5]. Dabei ist immer zwischen dem grundlegenden Produktionsverhältnis und dem wesenbestimmenden Merkmal der sozialistischen Produktionsverhältnisse zu unterscheiden. So wie das wesensbestimmende Merkmal der kapitalistischen Produktionsverhältnisse in der durch das kapitalistische Eigentum an den Produktionsmitteln hervorgebrachten Ausbeutung des Menschen durch den Menschen besteht, so im Sozialismus entsprechend der Natur des sozialistischen Eigentums an den Produktionsmitteln die Beziehungen *kameradschaftlicher Zusammenarbeit und sozialistischer gegenseitiger Hilfe.* Sozialistische Produktionsverhältnisse sind Verhältnisse des freundschaftlichen und brüderlichen Zusammenwirkens aller werktätigen Klassen und Schichten unter Führung der Arbeiterklasse.

Das gründliche Studium der umfangreichen Diskussion der sowjetischen Ökonomen über die richtige Bestimmung des grundlegenden Produktionsverhältnisses und der Existenzbedingung der ökonomischen Gesetze des Sozialismus ist nicht nur aus methodologischen Gründen von Bedeutung, sondern ebenso für das Verständnis des Wirkens der ökonomischen Gesetze des Sozialismus als System und der bewußten Ausnutzung ihrer Erfordernisse in der Wirtschaftspolitik.

So wird beispielsweise das Ziel des Planes nicht durch das Gesetz der planmäßigen Entwicklung der Volkswirtschaft, sondern das ökonomische Grundgesetz des Sozialismus bestimmt, das gemeinsam mit den verschiedenen ökonomischen Gesetzen des Sozialismus auch den Inhalt der Proportionen zwischen Akkumulation und Konsumtion, Industrie und Landwirtschaft, Warenfonds und Kauffonds usw. bestimmt. Der Volkswirtschaftsplan, dessen Aufstellung sich aus den Erfordernissen des Gesetzes der planmäßigen proportionalen Entwicklung der Volkswirtschaft ergibt, übersetzt gewissermaßen die Erfordernisse aller im Sozialismus wirkenden ökonomischen Gesetze unter Berücksichtigung der jeweiligen inneren und äußeren Bedingungen in die Sprache konkret bestimmter Aufgaben für die einzelnen Zweige, Bereiche und Betriebe. Dabei geht, wie in der Diskussion schon betont, die Planmäßigkeit über die Proportionalität hinaus. Sie bezieht sich nicht nur auf den quantitativen Austausch der Tätigkeiten innerhalb der Volkswirtschaft (Proportionalität), sondern ebenso auf das Tempo der sozialistischen Reproduktion, auf Preise, Löhne und andere Einkommen, die planmäßig bestimmt bzw. festgelegt werden. Sie ist die allgemeine Form, in der sich die Entwicklung der sozialistischen Wirtschaft, der Produktivkräfte und Produktionsverhältnisse vollzieht, wobei Planmäßigkeit und Proportionalität die beiden untrennbar miteinander verbundenen Seiten

5 A. M. Rumjanzew, Über die Kategorien und Gesetze der Politischen Ökonomie der kommunistischen Formation, Moskau 1966, S. 74.

des Gesetzes der planmäßigen proportionalen Entwicklung der Volkswirtschaft sind, dessen Wirkung also nicht auf die bewußte Durchsetzung des allgemeinen Gesetzes der Proportionalität beschränkt werden kann.

In diesem Zusammenhang ein Wort zum Kriterium der Proportionalität. Es kann m. E. nur die bedarfsgerechte Produktion sein, d. h. eine solche Entwicklung der Zweige und Bereiche in ihren quantitativen Wechselbeziehungen, Größenverhältnissen und ihrem Entwicklungstempo, um unter Berücksichtigung der notwendigen Reservebildung im jeweiligen Planungszeitraum alle Arten von Gebrauchswerten in den von der Gesellschaft benötigten Mengen, Sortimenten und Preisgruppen qualitätsgerecht herzustellen. Deshalb vorrangige Entwicklung der Zulieferindustrie, deshalb sind auch bei entsprechendem Bedarf unterschiedliche Investitionsmöglichkeiten und Wachstumsraten einzelner Zweige durchaus im Sinne der proportionalen Entwicklung der Volkswirtschaft, wobei schon Karl Marx darauf verwies: „Auf Basis gesellschaftlicher Produktion ist zu bestimmen der Maßstab, worin diese Operationen, die während längrer Zeit Arbeitskraft und Produktionsmittel entziehn ohne während dieser Zeit ein Produkt als Nutzeffekt zu liefern, ausgeführt werden können ohne die Produktionszweige zu schädigen, die kontinuierlich oder mehrmals während des Jahres nicht nur Arbeitskräfte und Produktionsmittel entziehn, sondern auch Lebensmittel und Produktionsmittel liefern.“[6]

[6] K. Marx, Das Kapital, Bd. II, in: Marx/Engels, Werke, Bd. 24, Berlin 1971, S. 358.

Prof. Dr. H. Richter

Aufgaben der wirtschaftswissenschaftlichen Forschung und Lehre an den Universitäten und Hochschulen

Eine außerordentlich wichtige Aufgabe, vor der die wirtschaftswissenschaftliche Forschung in unserer Republik steht, ist die Erhöhung des theoretischen Niveaus unserer gesamten Arbeit, wozu das tiefe Eindringen in die marxistisch-leninistische Theorie, besonders in den Gedankenreichtum der Werke der Klassiker des Marxismus-Leninismus erforderlich ist. Das ist eine Hauptvoraussetzung, die erfüllt werden muß, um die Frage zu lösen, die die Wirtschaft der entwickelten sozialistischen Gesellschaft stellt. Es ist erforderlich, vor allem bei der Heranbildung des wirtschaftswissenschaftlichen Nachwuchses höhere Maßstäbe in der theoretischen Arbeit anzulegen. Die wirtschaftswissenschaftlichen Kader sind besser zu befähigen, die marxistisch-leninistische Dialektik — die scharfe Waffe unserer Erkenntnis, wie Friedrich Engels treffend formulierte — zu handhaben. Ich stimme voll den Ausführungen von Prof. Dr. Schulz zu, wenn er die Forderung erhebt, in der wirtschaftswissenschaftlichen Forschung den Fragen der Methodologie bedeutend größeres Augenmerk zu schenken. Es ist geradezu auffällig, daß in den neuesten sowjetischen politökonomischen Publikationen stets ein Kapitel über die Methodologie des zu untersuchenden Themas enthalten ist.

Ein wichtiges Thema, das auch durch die Wirtschaftswissenschaft, insonderheit durch die Politische Ökonomie des Sozialismus mit zu erforschen ist, ist die Bestimmung des historischen Platzes des Sozialismus. Prof. Dr. Nick hat hierzu bereits gesprochen. Die Klärung dieser Frage ist sowohl von großer theoretischer als auch wirtschaftspolitischer Bedeutung. Sie spielt auch eine Rolle für die Ausarbeitung des Lehrgebäudes der Politischen Ökonomie des Sozialismus. So ist u. a. exakt das Gemeinsame herauszuarbeiten, das beiden Phasen der einheitlichen kommunistischen Formation eigen ist, und es ist zugleich das Besondere zu analysieren, das den Sozialismus von der zweiten Phase unterscheidet. In der Lehre der Politischen Ökonomie des Sozialismus gibt es hierzu keine einheitliche Lehrmeinung, was sich nachteilig für die Ausbildung der Studenten auswirkt. Es ist erforderlich, daß durch die theoretische Arbeit der Wirtschaftswissenschaftler mit dazu beigetragen wird, einheitliche Standpunkte in theoretischen Grundfragen zu erreichen.

Ein weiteres Problem der wirtschaftswissenschaftlichen Forschung sehe ich in der stärkeren Hinwendung zu den Prozessen des Lebens. Das gilt vor allem für die wirtschaftswissenschaftliche Forschungsarbeit an den Universitäten und Hochschulen, an denen ein beträchtliches Wissenschaftspotential besteht. Ich verstehe darunter keinen flachen Empirismus oder engen Pragmatismus im Sinne der Lösung von Tagesaufgaben – obwohl auch das mitunter sehr wichtig ist –, sondern ich möchte so verstanden sein, daß wir Wirtschaftswissenschaftler die Probleme aufgreifen müssen, die das Leben stellt und ohne deren Kenntnis die Weiterentwicklung der Theorie nicht möglich ist. Es gibt hierzu eine interessante Bemerkung des Genossen Suslow, Sekretär des ZK der KPdSU, in seinem Beitrag „Die Gesellschaftswissenschaften – eine Waffe der Partei beim Aufbau des Kommunismus". „Die Partei ist der Ansicht", heißt es in diesem Artikel, „daß hinsichtlich der Weiterentwicklung der revolutionären Theorie noch große Arbeit zu leisten ist. Viele aktuelle Probleme wurden gerade erst umrissen und harren ihrer gründlichen theoretischen Untersuchung. Unter Berücksichtigung dessen wies der XXIV. Parteitag auf die Notwendigkeit, das Niveau der Arbeit der wissenschaftlichen Institutionen und Lehranstalten bedeutend zu erhöhen, die Verbindung der Gesellschaftswissenschaften mit der Praxis der Partei- und Staatsarbeit zu festigen ..." (Einheit, Heft 4/1972, S. 430). Dies gilt meiner Ansicht nach auch uneingeschränkt für die Wirtschaftswissenschaften. Es geht darum, die richtigen Objekte der Partei- und Staatsarbeit aufzugreifen, an denen wirtschaftswissenschaftliche Untersuchungen durchgeführt werden und die sowohl der Praxis als auch der Wissenschaftsentwicklung dienen. Ausgehend von den neuen Fragestellungen der Praxis ist die Theorie weiterzuentwickeln. Für die Universitäten und Hochschulen hat das insofern große Bedeutung, als damit die Gewähr für eine lebensbezogene und zugleich theoretisch fundierte wirtschaftswissenschaftliche Ausbildung gegeben ist. Es müßte mit Anliegen des Rates für wirtschaftswissenschaftliche Forschung sein, den an den Universitäten und Hochschulen tätigen Wirtschaftswissenschaftlern die erforderliche Orientierung bei der Hinwendung zu den Problemen des Lebens zu geben. Die Erzielung hoher Forschungsleistungen in der Wirtschaftswissenschaft erfordert schließlich ernsthafte analytische Arbeit. Ein gewisser Mangel in der hinter uns liegenden Periode besteht darin, daß ohne genügende analytische Arbeit, ohne das erforderliche Tatsachenstudium usw. vorschnell Schlüsse gezogen wurden, die dem Leben nicht immer standhielten.

In seinem Aufsatz „Über den einheitlichen Wirtschaftsplan" bemerkte W. I. Lenin im Jahre 1921 an die Adresse der Volkswirtschaftler gerichtet, daß es nicht um die Ausarbeitung inhaltloser Thesen geht, sondern um das Studieren von Tatsachen, Zahlen und Daten, es geht um die Analyse der eigenen praktischen Erfahrungen (vgl. Lenin, Werke, Bd. 32, S. 138). Die Arbeitsweise der Klassiker des Marxismus-Leninismus sollte uns auch in dieser Beziehung Vorbild sein. Sie nahmen stets erst dann die theoretischen Verallgemeinerungen vor, nachdem sie eine Fülle von Tatsachen studiert hatten. Hierin sehe ich eine wichtige Aufgabe, um das theoretische Niveau der wirtschaftswissenschaftlichen Forschung zu erhöhen.

Schließlich möchte ich das Augenmerk auf eine weitere Frage lenken. Die wirtschaftswissenschaftliche Forschung, ganz gleich auf welchem Gebiet sie durchgeführt wird, hat es mit einem Stoff zu tun, der im hohen Grade parteilich und damit politisch ist. Mir scheint, daß es notwendig ist, stärker als bisher die Kritik bürgerlicher, revisionistischer und sozialdemokratischer Auffassungen über die Wirtschaft in den sozialistischen Ländern mit ins Blickfeld unserer wirtschaftswissenschaftlichen Forschung zu rücken. Wenn — wie auf der 6. Tagung des Zentralkomitees der SED eingeschätzt wurde, der dank der Initiative der sozialistischen Staatengemeinschaft eingeleitete Entspannungsprozeß in Europa zugleich mit einer Zunahme der Schärfe des ideologischen Kampfes einhergeht, so muß dies auch Konsequenzen für die verstärkte Auseinandersetzung mit antimarxistischen Theorien über die sozialistische Wirtschaft haben. An den Universitäten und Hochschulen benötigen wir dazu den erforderlichen Forschungsvorlauf, um uns in der Lehre offensiv mit den Hauptströmungen bürgerlicher u. a. Theorien auseinandersetzen zu können.

S. Möke

Ökonomische Gesetze des Sozialismus und sozialistische ökonomische Integration

Der Sozialismus hat sich heute in allen RGW-Ländern gefestigt und entwickelt sich auf seiner eigenen sozial-ökonomischen und materiellen Grundlage. Demzufolge setzt sich das Wirken der objektiven ökonomischen Gesetze auch im internationalen Maßstab, d. h. bei der Vertiefung der sozialistischen ökonomischen Integration, immer mehr durch.

Die Wirkungsweise der ökonomischen Gesetze kann nicht befriedigend untersucht werden, wenn die sich objektiv aus dem Wesen unserer Gesellschaftsordnung ergebenden Prozesse der sozialistischen ökonomischen Integration nicht als entscheidender Ausgangspunkt aller Überlegungen zugrunde gelegt werden.

Die ökonomischen Gesetze des Sozialismus wirken objektiv auf der Grundlage der sozialistischen Produktionsverhältnisse. In diesem Sinne wirkt das ökonomische Grundgesetz, das Gesetz der planmäßigen proportionalen Entwicklung, das Wertgesetz u. a. sowohl im Rahmen der Volkswirtschaft als auch — mit zunehmender Integration — in den internationalen Beziehungen, wobei die spezifischen Bedingungen der sozialistischen ökonomischen Integration, auf die noch eingegangen wird, qualitativ neue Anforderungen an die bewußte Nutzung der ökonomischen Gesetze stellt.

Objektives Wirken und bewußte Nutzung sind m. E. nicht identisch. Gerade bei der Vertiefung der sozialistischen ökonomischen Integration zeigt sich, daß neben den gleichen Produktionsverhältnissen auch bestimmte materiell-technische sowie leitungs- und planungsmäßige Voraussetzungen in den Ländern vorhanden sein müssen, um die objektiv wirkenden ökonomischen Gesetze des Sozialismus bewußt zu nutzen.

Die ökonomischen Gesetze des Sozialismus können bei der Vertiefung der sozialistischen ökonomischen Integration nur in dem Maße und mit hoher Effektivität genutzt werden, wie im Inneren der Volkswirtschaften die Bedingungen für ihr Wirken und ihre richtige Nutzung geschaffen werden, so wie umgekehrt ohne internationale Arbeitsteilung in breitester Form eine rationelle Nutzung der ökonomischen Gesetze in unserer Volkswirtschaft nicht möglich ist.

Diese enge, dialektische Wechselwirkung stellt qualitativ neue Anforderungen an die nationale und internationale Planung der wirtschaftlichen Prozesse. Diese neue Qualität resultiert aus dem hohen Grad der internationalen Verflechtung unserer Volkswirtschaften und vor allem aus der Tatsache, daß die ökonomischen Gesetze des Sozialismus international unter den Bedingungen der Existenz einzelstaatlichen Eigentums wirken, bei Fortbestehen bestimmter Unterschiede im Entwicklungsniveau, einschließlich bestimmter Besonderheiten in den Systemen der Leitung und Planung der Volkswirtschaften. Es bestehen nationale und internationale Interessen, die es ständig in Übereinstimmung zu bringen gilt, und es gibt im bestimmten Maße auch subjektiv unterschiedliche Auffassungen zu den Wegen, wie sich die sozialistische ökonomische Integration entwickeln wird.

In der Vergangenheit sind die ökonomischen Gesetze vorwiegend in ihrer Wirkungsweise in der nationalen Wirtschaft untersucht worden. Die Spezifik der internationalen Wirtschaftsbeziehungen, speziell der sozialistischen ökonomischen Integration, verbietet es, diese Kenntnisse über den Wirkungsmechanismus der ökonomischen Gesetze schematisch auf die internationalen Beziehungen auszudehnen. Es ist notwendig, die qualitativ neuen Wirkungsbedingungen für die ökonomischen Gesetze, die sich aus der Vertiefung der sozialistischen ökonomischen Integration ergeben und die entscheidend darauf Einfluß nehmen, wie diese Gesetze in der Zusammenarbeit bewußt genutzt werden können, allseitig zu untersuchen. Hier geht es um ein Wirkungsfeld der ökonomischen Gesetze in neuen Dimensionen unter qualitativ anderen Wirkungsbedingungen.

Bekanntlich steht zur Realisierung der Hauptaufgabe des VIII. Parteitages als Ausdruck des Wirkens des ökonomischen Grundgesetzes des Sozialismus die planmäßig proportionale Entwicklung der Volkswirtschaft der DDR im Mittelpunkt der Wirtschaftspolitik. Dabei geht es nicht um Planmäßigkeit und Proportionalität um seiner selbst willen, sondern beides muß verbunden sein mit höchster Effektivität der volkswirtschaftlichen Prozesse, damit die materiellen und kulturellen Bedürfnisse unserer Werktätigen immer besser befriedigt werden können.

Planmäßigkeit und Proportionalität bei höchster Effektivität schließt jedoch heute die sozialistische ökonomische Integration objektiv ein, d. h. das Gesetz der planmäßigen proportionalen Entwicklung hat im Rahmen unserer Staatengemeinschaft zu wirken begonnen. Es kommt darauf an, die dabei entstehenden qualitativ neuen Probleme, die mit der Wirkungsweise dieses Gesetzes zusammenhängen, zu erforschen.

Ein erstes Erfordernis dieses Gesetzes besteht m. E. darin, daß bei der Konzipierung unserer volkswirtschaftlichen Struktur, bei der Festlegung wichtiger volkswirtschaftlicher Proportionen von vornherein die Arbeitsteilung als Proportionalitäts- und Effektivitätsfaktor zugrunde zu legen ist.

Das Gesetz der planmäßigen proportionalen Entwicklung im Rahmen unserer Gemeinschaft erfordert, daß wir bei allen Überlegungen hinsichtlich der Größe der zu schaffenden Kapazitäten, der Einstellung oder Neuentwicklung bestimmter Produktionen von den Interessen der gesamten Gemeinschaft, d. h. von den Bedürfnissen auch unserer Partner, und vor allem vom Bedarf der UdSSR ausgehen müssen. Nur auf dieser Grundlage schaffen wir uns selbst optimale Produktionsbedingungen. Es ist ein Irrtum zu glauben, durch unsere Strukturpolitik anderen Ländern volkswirtschaftliche Proportionen aufzwingen zu können. Konzeptionen, die z. B. davon ausgehen, daß die DDR die verarbeitende Industrie entwickelt und andere Länder für die DDR die Rohstoffe produzieren, unterliegen gerade diesem Irrtum und sind mit dem Wirken des Gesetzes der planmäßigen proportionalen Entwicklung im Rahmen unserer Gemeinschaft unvereinbar.

Da sich die Herstellung wichtiger volkswirtschaftlicher Proportionen im Rahmen unserer Gemeinschaft auf der Grundlage des staatlichen Eigentums an den Produktionsmitteln vollzieht, besteht das wissenschaftliche und praktische Problem darin, wie unter diesen Bedingungen die Erfordernisse des Gesamtsystems und die jedes einzelnen Landes optimal aufeinander abgestimmt werden können. Eine allgemeine Antwort gibt das Komplexprogramm, welches die Koordinierung der Pläne als Hauptmethode der Integration definiert.

Das neue Herangehen an die internationale Wirtschaftszusammenarbeit erfordert jedoch eine neue Qualität der Plankoordinierung. Sie besteht darin, daß in allen Phasen, d. h. also, bereits bei der Vorbereitung konzeptioneller Vorstellungen über die Entwicklung wichtiger volkswirtschaftlicher Bereiche, eine enge gegenseitige Abstimmung herbeigeführt wird.

Dazu gehört auch eine enge Zusammenarbeit auf dem Gebiet der Prognose. Für die Suche nach und die Entscheidungen über die rationellsten ökonomischen Lösungen vom Standpunkt der Gesamtheit unserer Staatengemeinschaft ist die Prognosetätigkeit unerläßlich. Das enge Zusammenwirken setzt sich fort in der Forschung und Entwicklung, bei der Abstimmung der Investitionen, schließt die Spezialisierung und Kooperation in der Produktion ein und endet mit den gegenseitigen Lieferungen.

Wenn die Integration ein bewußt und planmäßig gelenkter Prozeß ist, der sich durch hohe Stabilität und Effektivität auszeichnen muß und dem die ökonomischen Gesetze des Sozialismus zugrunde liegen, dann ist er nur über diese enge Zusammenarbeit in allen Phasen des Reproduktionsprozesses realisierbar.

Eine ganz entscheidende Frage beim Herausfinden optimaler Lösungen durch Investitionskoordinierung ist der Nutzen für alle beteiligten Partner. Wenn heute z. B. die Inbetriebnahme großer chemischer Anlagen koordiniert wird, dann sind das Entscheidungen von großer volkswirtschaftlicher Tragweite. Dabei ist der Nutzen einzelner Maßnahmen für die beteiligten Länder weder hinsichtlich seiner konkreten Höhe, noch hinsichtlich des Zeitpunktes seiner Realisierung immer gleich. Es wird auch Vorhaben geben, bei denen die Aufwendungen eines Landes höher sind bzw. der Nutzen später eintritt.

Hier erhebt sich die Frage, wie der zum Teil zeitlich und in der Höhe auseinanderfallende Nutzen durch die verschiedensten Maßnahmen, die nicht auf einen Zweig beschränkt bleiben können, miteinander zu kompensieren ist. Gerade die Ausarbeitung eines wissenschaftlichen Instrumentariums für diese Nutzenkompensation ist von großer Bedeutung für die Vertiefung der Integration.

Es ist also m. E. ein weiteres Erfordernis des Wirkens des Gesetzes der planmäßigen proportionalen Entwicklung im Rahmen unserer Gemeinschaft, daß man bei der Auswahl verschiedener Varianten der Arbeitsteilung von *volkswirtschaftlichen Gesichtspunkten* ausgeht. Grundlegende Fragen der Proportionalität im Rahmen unserer Gemeinschaft sind nicht lösbar, wenn sich die Maßnahmen in ausschließlich innerzweigliche Aufgaben oder in Kopplungen von gegenseitig zu liefernden Warengruppen auflösen.

Ein möglicher Weg zur Kompensation des Nutzens im Rahmen der Gesamtheit unserer Gemeinschaft ist die Investitionsbeteiligung.

Auch die DDR stellt zeitweilig Mittel bereit, die bei uns zur Entwicklung bestimmter Bereiche der Grundstoffindustrie nur mit einer wesentlich niedrigeren Effektivität eingesetzt werden könnten. Bestimmte Nachteile der rohstoffproduzierenden Länder, die sich aus der hohen Fondsintensität und der relativ langen Rückflußdauer von Investitionen in diesen Bereichen ergeben, werden dadurch kompensiert und für die DDR gleichzeitig stabile und langfristige Grundlagen für die Rohstoffversorgung geschaffen, die wir auf diese Weise insgesamt günstiger gewährleisten als bei einer Erweiterung der eigenen Rohstoffbasis.

Gesicherte Proportionen zwischen Rohstoffgewinnung und verarbeitender Industrie mit dem Ziel der höchsten volkswirtschaftlichen Effektivität sind ein wichtiges Erfordernis des Gesetzes der planmäßigen proportionalen Entwicklung. Das im Rahmen unserer Gemeinschaft zu verwirklichen, erfordert heute und auch in Zukunft zielgerichtete, zeitweilige Umverteilungen von Nationaleinkommen zum gegenseitigen Vorteil.

Nicht weniger kompliziert sind die Fragen, die mit der Ausnutzung des Wertgesetzes in der internationalen Zusammenarbeit verbunden sind. Mehr oder weniger werden in allen Ländern bewußte Abweichungen einzelner Preise vom Wert zur Durchsetzung wirtschaftspolitischer Zielsetzungen praktiziert. Die Preistheorie kann nicht nur von den Erfordernissen des Wertgesetzes ausgehen, denn auf die Preisbildung wirken ebenso die Erfordernisse des ökonomischen Grundgesetzes, des Gesetzes der planmäßigen proportionalen Entwicklung der Volkswirtschaft, des Gesetzes der Steigerung der Arbeitsproduktivität u. a. ein. Auf diese Weise setzen wir bewußt, über den Preis, im Interesse der Erhöhung der Effektivität unserer Volkswirtschaft planmäßige Umverteilungsprozesse zwischen verschiedenen Zweigen unserer Volkswirtschaft durch.

Auf Grund der Existenz staatlichen Eigentums an den Produktionsmitteln ergeben sich für die bewußte Nutzung des Wertgesetzes bei der sozialistischen ökonomischen Integration völlig andere Bedingungen. Bewußte Abweichungen der Preise vom Wert und damit verbundene Umverteilungsprozesse können hier nur die Ausnahme sein, da das zu unmittelbaren ökonomischen und nicht vertretbaren Konsequenzen führt.

Wir haben im RGW ein seit Jahren bewährtes Prinzip der Preisbildung, das die Preise der Hauptwarenmärkte zur Grundlage hat.

Es ist offensichtlich, daß in der Perspektive mit zunehmender sozialistischer ökonomischer Integration vor allem durch die Forschungskooperation, die Errichtung gemeinsamer Betriebe, die Spezialisierung und Kooperation der Produktion für den Wirkungsmechanismus und die Wirkungsbedingungen des Wertgesetzes im internationalen Maßstab andere Probleme aufgeworfen werden als das der Fall ist, wenn sich unsere Beziehungen überwiegend auf den normalen Warenaustausch erstrecken. Eine wichtige Forschungsaufgabe besteht darin, dieses neue Wirkungsfeld des Wertgesetzes bei der Vertiefung unserer Zusammenarbeit zu untersuchen und Schlußfolgerungen für die Entwicklung eines praktikablen Instrumentariums zu ziehen.

Praktische Erfahrungen bei der Spezialisierung und Kooperation, bei der Errichtung gemeinsamer Betriebe lehren, daß wir in Zukunft immer weniger damit auskommen, die Lösung der Preisprobleme nur in einer isolierten Verbesserung der Preisbildungsprinzipien im Handel zwischen den RGW-Ländern zu suchen.

Es zeigt sich, daß für eine erfolgreiche Lösung vieler praktischer Maßnahmen der Integration solche Fragen, wie die Gestaltung der Binnenpreissysteme, die Herstellung ökonomisch begründeter Beziehungen zwischen Binnenpreisen und den Außenhandelspreisen, also u. a. die Rolle der Valutakurse, eine größere Rolle spielen werden.

An den wenigen Beispielen sollte sichtbar gemacht werden, daß heute die Weiterentwicklung der Politischen Ökonomie des Sozialismus als eine rein nationale Wissenschaft oder, wie es in den Thesen heißt, als „Nationalökonomie" nicht mehr möglich ist. Mit der Integration wird immer stärker der internationalistische Charakter unserer Gesellschaftsordnung sichtbar, und die politische Ökonomie muß demzufolge als eine internationale gemeinsame Wissenschaft unserer Länder entwickelt werden. Keine ökonomisch-theoretische Frage kann heute befriedigend gelöst werden, ohne daß wir von den neuen Prozessen der sozialistischen ökonomischen Integration ausgehen. Dabei kommt es m. E. darauf an, diese Probleme in allen wirtschaftswissenschaftlichen Disziplinen und in allen Teilgebieten der politischen Ökonomie zum Ausgangspunkt der Untersuchungen zu nehmen und andererseits auch eine geschlossene Theorie der sozialistischen ökonomischen Integration auszuarbeiten.

Prof. Dr. H. Luck

Zu einigen Fragen der Wechselbeziehungen zwischen Wirtschaftswissenschaft und Wirtschaftspraxis

Ich stimme den Thesen zu.

Es ist immer von Nutzen, die Zusammenhänge zwischen Theorie und Praxis zu kennen (auch zu wiederholen) und grundsätzlich keine Verselbständigung oder gar Gegensätzlichkeit der einen wie der anderen Seite *einer* gesellschaftlichen Realität zuzulassen. Ich erinnere an die von den Klassikern des Marxismus-Leninismus immer hervorgehobenen theoretischen Fähigkeiten, die der Arbeiterklasse eigen sind. Das hat heute eine grundsätzliche Bedeutung und erklärt u. a. das schöpferische Handeln der Werktätigen zur Durchführung der Beschlüsse des VIII. Parteitages der SED.

Die Kette: ökonomische Theorie — Wirtschaftspolitik — Wirtschaftspraxis ist durch ein 4. Glied, die wissenschaftliche Arbeit in der Praxis, zu ergänzen.

Die Entwicklung der sozialistischen Wirtschaft auf wachsender Stufenleiter führt zwangsläufig zu einer größeren Empfindlichkeit der Wirtschaft insgesamt und der ihrer Teile. Man muß unbedingt die wissenschaftliche Arbeit hervorheben und anerkennen, die das große von der Partei geformte Kollektiv der Kader in der Wirtschaftspraxis leistet. Das ist eine ernste und durch Verantwortung getragene Tätigkeit. Je besser das theoretische Denken entwickelt wird, um so geringer ist der Spielraum für subjektive Auffassungen. Die Hauptfrage aber für die Wirtschaftspraxis ist die nach der Sicherheit in der Anwendung der ökonomischen Theorie.

Es sind vor allem folgende Gebiete, wo die Wirtschaftswissenschaft für die Praxis oft „unverbindlich" ist und umgekehrt, auch die Praxis noch nicht immer von gesicherten und praktisch erprobten Erkenntnissen ausgeht.

Hierzu einige Beispiele:

1. Bekanntlich gibt es mehrere Methoden zur Messung der Arbeitsproduktivität, die, jede für sich genommen, eine Berechtigung haben. Offensichtlich muß die Methode den Vorrang haben, die annähernd die Veränderung im Wirkungsgrad der vergegenständlichten und der lebendigen Arbeit erfaßt.

Es wäre zu überlegen, wie in einfacher und praktikabler Weise Methoden zur Messung der Arbeitsproduktivität auch unter Beachtung gegensätzlicher Tendenzen in der Entwicklung der vergegenständlichten und der lebendigen Arbeit je Gebrauchswerteinheit zur Anwendung kommen können.

Es gab hierzu vor Jahren Überlegungen.

Beispielsweise die Verkettung der Zeitsummenrechnung mit der Selbstkostenrechnung.

2. *Die Frage des Wertgesetzes*

Was Wert und Wertgröße sind, ist bekannt.

Offen ist die Frage nach dem „Wie" der bewußten Ausnutzung dieses Gesetzes. Es wäre notwendig, ernsthaft die Frage nach den Erfordernissen eines spezifischen *Preisbildungsgesetzes der sozialistischen Wirtschaft* zu stellen. Es gibt beispielsweise Waren, die im Arbeits- und Wertbildungsprozeß der Wirkungsweise des Wertgesetzes unterliegen, die aber nicht auf dieser Basis in die Preisbildung einbezogen werden können.

Die sich aus der Bewegung des ökonomischen Grundgesetzes ergebende objektiv notwendige Forderung, die Planung nach dem produktiven und konsumtiven Bedarf vorzunehmen, wird offensichtlich diesen Bereich der Warenproduktion erweitern.

3. Eine wichtige Kategorie der sozialistischen Wirtschaftsplanung ist die materielle Ziffer.

Auf keinen Fall kann die Planungspraxis auf diese Ziffer verzichten, obwohl es gegenwärtig manche Tendenzen gibt (und die Praxis oft gezwungen ist, diesen Tendenzen zu folgen), den Wirtschaftsplan hauptsächlich mittels der Baubilanz und eines Finanzierungsplanes zu regulieren.

Es zeigt sich zur Zeit, daß die materielle Ziffer auch als Bremse wirken kann und in der Territorialplanung nicht wenig Widersprüche sichtbar werden.

Es gibt auch finanzielle Quellen und Bewegungen, die nicht an materielle Ziffern gebunden sind und finanzielle Quellen, die Produktionskapazitäten „lenken", ohne daß die Entwicklung dieser Produktionskapazitäten durch materielle Ziffern belegt oder vorgesehen ist.

Deshalb hat die begonnene Diskussion über die Einheit der materiellen und finanziellen Planung und darüber, was den Vorrang hat, große Bedeutung für alle und besonders für die Planungsorgane in den Bezirken und Kreisen.

Ein Kernproblem ist die weitere Erforschung und theoretische Begründung des volkswirtschaftlichen Reproduktionsprozesses. Die Aufgabe besteht darin, Aussagen über die wahrscheinliche Entwicklung der volkswirtschaftlichen Gesamtreproduktion bis 1990 zu bekommen, insbesondere hinsichtlich der Entwicklung der Akkumulation und Konsumtion, die ja die Pole der Reproduktionstheorie und Praxis sind.

Für die Wirtschaftspraxis ist es wichtig zu wissen, wie sich Akkumulation und Konsumtion in der Zeit darstellen werden und wie sich die Entwicklung von Rate und Masse der Akkumulation und Konsumtion gestalten wird.

Das ist nicht schlechthin eine theoretische Frage.

Da die Ressourcen in der sozialistischen Wirtschaft immer begrenzt sind, müssen vorschnelle Investitionsentscheidungen vermieden werden, weil das zu einer Vergeudung gesellschaftlicher Arbeit führen kann.

Es ist eine Reihe komplizierter Fragen erkennbar, die sich beim Übergang von einer vorwiegend extensiven erweiterten zur intensiven erweiterten Reproduktion ergeben.

Das Problem ist die Entwicklung der Fondsintensität. Es erhebt sich beispielsweise die Frage, wie es mit der steigenden oder fallenden Fondsintensität aussieht. Es muß herausgearbeitet werden, wo künftig extensive und intensive Prozesse zu erwarten sind, weil sich dementsprechend auch eine Differenzierung der Planung und der ökonomischen Stimulierung notwendig macht.

Prof. Dr. H. Baum

Zu einigen Problemen der Industriepreisbildung

In der These 3 „Ökonomische Theorie und Wirtschaftspolitik“ wird festgestellt, daß die Wirtschaftspolitik der Partei aktiv auf die Entwicklung der ökonomischen Theorie als Wissenschaft zurückwirkt, grundlegende Orientierung des Inhalts und der Richtung wirtschaftswissenschaftlicher Forschung gibt.

Diese Konsequenz gilt auch für die Orientierung und den Inhalt der weiteren Forschung zu den Problemen Einheit von materieller und finanzieller Proportionen, von Gebrauchswert und Wertplanung und der Rolle der planmäßigen Preisbildung.

Unter planmäßiger Preisbildung wird verstanden:

- Preisbildung für neu in die Produktion aufzunehmende Erzeugnisse und die
- planmäßige Veränderung von Preisen für Erzeugnisse, die bereits hergestellt werden.

Eine erste Konsequenz, die gezogen werden muß, wenn die richtige Forderung gestellt wird, die Industriepreise sollen den gesellschaftlich notwendigen Arbeitsaufwand widerspiegeln, ist, die Preisbildung selbst unter diesem Aspekt wesentlich zu qualifizieren.

Das heißt, es geht zuerst einmal darum, den gesellschaftlich notwendigen Arbeitsaufwand in Form der gesellschaftlich notwendigen Selbstkosten und des gesellschaftlich notwendigen Reineinkommens exakter zu bestimmen, zu erfassen und der Preisbildung zugrunde zu legen.

Dabei gehen wir sowohl in der bisherigen Praxis als auch in der weiteren Forschungsarbeit aus von der Marxschen Definition der gesellschaftlich notwendigen Arbeitszeit, d. h., die Zeit, die für die Herstellung einer Ware unter den jeweiligen gesellschaftlich normalen Produktionsbedingungen (als Bedingungen, unter denen die Hauptmasse der jeweiligen Warenart erzeugt wird) erforderlich ist.

Das praktische Problem ist, diese theoretische Erkenntnis in einer Preisbildungsvorschrift handhabbar zu machen. Mit der Ausarbeitung einer zentralen staatlichen Kalkulationsrichtlinie zur Bildung von Industriepreisen (Weiterentwicklung und Vervollkommnung der bestehenden Kalkulationsrichtlinie) wird dieses Ziel konsequent verfolgt.

Aus der Forderung nach Einheit von materieller und finanzieller Planung und nach Widerspiegelung des gesellschaftlich notwendigen Arbeitsaufwandes bei der Preisbildung wird manchmal der Schluß gezogen, die Industriepreise durch planmäßige Änderungen fortlaufend an den Wert anzunähern. Das ist eine These, die die Praxis als Prüfstein für die Wahrheit der Theorie bereits korrigiert hat.

Der VIII. Parteitag orientiert auf dem Gebiet der Preise anders. Nicht die fortwährende Annäherung der Industriepreise an den Wert wird gefordert, sondern, daß die Entwicklung der Industriepreise planmäßig zentral auf der Grundlage der weiter zu senkenden Kosten festzulegen ist. Diese Forderung des VIII. Parteitages ist eine für den Zeitraum bis 1975, aber auch nach 1975 zu lösende Aufgabenstellung.

Die Beschlüsse der Regierung vom 17. 11. 1971 über die Leitung, Planung und Entwicklung der Industrie- und Verbraucherpreise orientieren auch nicht auf eine fortwährende Annäherung der Preise an den Wert. Es zeichnet sich vielmehr ab, nach Methoden zu suchen, mit denen ein stabiles Industriepreissystem mit volkswirtschaftlich notwendigen planmäßigen Änderungen von Industriepreisen zweckmäßig, volkswirtschaftlich effektiv in Übereinstimmung gebracht werden kann.

Vor allem sind auch Schlußfolgerungen für die Bildung und planmäßige Veränderung von Industriepreisen aus der Forderung in dem Bericht von Erich Honecker an den VIII. Parteitag zu ziehen: „Unser Ziel ist, Stabilität der sehr beträchtlichen Wachstumsraten, Stabilität im Rhythmus der Produktion, Stabilität der Versorgung und Stabilität der Verbraucherpreise" (E. Honecker, Bericht des ZK an den VIII. Parteitag, Dietz Verlag, Berlin 1971, S. 56). Die planmäßige Preisbildung in der Industrie ist dieser Forderung absolut unterzuordnen.

Das gilt für die Preisbildung für neue Erzeugnisse, und das gilt auch für die planmäßige Veränderung von Industriepreisen.

Ob die Industriepreise die Meßfunktion richtig ausüben, ist vor allem zuerst einmal ein Problem der richtigen Erfassung des gesellschaftlich notwendigen Arbeitsaufwandes bei der Bildung der Industriepreise. Je besser es gelingt, die Preisbildung unter diesem Aspekt zu qualifizieren, um so besser kann der Umfang und die Notwendigkeit planmäßiger Veränderungen der Industriepreise staatlich bestimmt werden, um so besser wird die Stabilität der Wachstumsraten, des Rhythmus der Produktion und die Stabilität der Versorgung auch durch die Industriepreise unterstützt.

Die Qualifizierung der Festsetzung von Industriepreisen auf der Grundlage der Entwicklung des gesellschaftlich notwendigen Arbeitsaufwandes und unter Berücksichtigung der Entwicklung der planmäßigen Realisierungsbedingungen ist eine entscheidende Voraussetzung, um die Zahl und den Umfang von Industriepreisänderungen einzuschränken.

Das Forschungsinstitut des Amtes für Preise arbeitet an den Grundlagen und Kriterien zur planmäßigen Änderung von Industriepreisen im Zeitraum nach 1975.

Diese Aufgabe ist zu lösen unter

- sorgfältiger Auswertung der wirtschafts- und sozialpolitischen Grundlinie des VIII. Parteitages
- der gründlichen Analyse der bisherigen Erfahrungen bei Industriepreisänderungen
- der Analyse der bis 1975 vorgesehenen Industriepreisänderungen
- der Erfahrungen im Prozeß der Durchführung des Beschlusses vom 17. 11. 1971, insbesondere unter dem Gesichtspunkt der Qualifizierung der Preisbildung
- unter besonderer Beachtung der Entwicklungstendenzen auf dem Gebiet der Planung und Bilanzierung und der wirtschaftlichen Rechnungsführung entsprechend den gefaßten Beschlüssen des Ministerrates vom 3. 5. 1972
- und schließlich unter gründlicher Auswertung der Erfahrungen der Sowjetunion, und zwar der Erfahrungen, die aus Industriepreisänderungen der Vergangenheit gemacht worden sind und den Vorstellungen über planmäßige Industriepreisänderungen im Zeitraum nach 1975. Das heißt, die Forschungsrichtung auf dem Gebiet der Preise in der Sowjetunion ist wesentlich für die Lösungsrichtung in der DDR.

Eine entscheidende Rolle bei der Lösung dieser Aufgaben spielt die Herausarbeitung der Kriterien für planmäßige Industriepreisänderungen und die theoretische Begründung der Grundlinie für die Entwicklung der Industriepreise unter Berücksichtigung der wirtschafts- und sozialpolitischen Grundlinie des VIII. Parteitages.

Bei der Arbeit an der Lösung in dieser Richtung muß die teilweise noch bestehende Vorstellung überwunden werden, daß ein Abweichen der Industriepreise vom gesellschaftlich notwendigen Arbeitsaufwand grundsätzlich als eine Störquelle anzusehen ist. Das gilt auch für die Behauptung, daß eine Einheit von Gebrauchswertplanung und wertmäßiger Planung nur und am besten zu erreichen ist, wenn die Preise ständig fortwährend den Werten angenähert werden. Das ist eine einseitige und abstrakte Formel, deren Anwendung zu Schematismus, Automatismus auf dem Gebiet der Preise führt und durch die Beschlüsse der Partei, eingeleitet durch den VIII. Parteitag, und der Regierung korrigiert worden ist. Es muß Klarheit darüber geschaffen werden, daß eine

Differenzierung der Gewinne eine normale ökonomische Situation darstellt und daß eine solche Differenzierung durch die Planung und wirtschaftliche Rechnungsführung unter dem Gesichtspunkt einer bedarfsgerechten Produktion berücksichtigt werden muß.

Das Gesetz der planmäßigen proportionalen Entwicklung der Volkswirtschaft erfordert bei der Ausnutzung der Ware-Geld-Beziehungen eine Herstellung der Einheit von Gebrauchswertplanung und wertmäßiger Planung auch bei abweichenden Preisen von den Werten.

Aus der Wirkung des Gesetzes der planmäßigen proportionalen Entwicklung der Volkswirtschaft und des Wertgesetzes ergibt sich die Notwendigkeit, nach Wegen zu suchen, um die erforderliche Stabilität der Industriepreise zu verbinden mit notwendigen planmäßigen Veränderungen der Industriepreise.

Dr. W. Schmieder

Zur Vervollkommnung der Planung und wirtschaftlichen Rechnungsführung

Das theoretisch und praktisch entscheidende Grundproblem besteht darin – so heißt es in den zur Diskussion stehenden Thesen –, die Planung und die Kategorien der wirtschaftlichen Rechnungsführung synchron auf die bedarfsgerechte Produktion auszurichten. Erste praktische Schritte in dieser Richtung werden mit den vom Ministerrat beschlossenen Maßnahmen zur Vervollkommnung der wirtschaftlichen Rechnungsführung verwirklicht. Aber weder theoretisch noch praktisch werden damit schon alle Probleme einer engeren Verbindung von Plan und wirtschaftlicher Rechnungsführung gelöst.

Für die wirtschaftswissenschaftliche Forschung bedeutet das, sie noch stärker auf eine wirksamere Ausnutzung der ökonomischen Gesetze des Sozialismus zu richten. Mit der immer festeren Verbindung von Plan und wirtschaftlicher Rechnungsführung kommt letztlich eine wesentliche Seite der bewußten Ausnutzung der ökonomischen Gesetze des Sozialismus in der Wirtschaftspraxis zur Geltung. Demzufolge möchte ich einige Gesichtspunkte aus der Sicht praktischer Erkenntnisse und Erfahrungen für die Arbeit des Rates und die wirtschaftswissenschaftliche Forschung herausstellen.

1. Als erstes ein paar Bemerkungen zur Stabilität und Kontinuität ökonomischer Regelungen. Ich vertrete die Auffassung, daß die Stabilität und Kontinuität ökonomischer Regelungen, ihre Wirksamkeit und Bewährung in der Wirtschaftspraxis maßgeblich abhängen von der wissenschaftlichen Solidität, auf der sie beruhen.

Das ist in zweierlei Hinsicht von Bedeutung.

Es genügt nicht, ökonomische Regelungen lediglich aus der Wirkung des einen oder des anderen ökonomischen Gesetzes her zu erforschen und zu bestimmen. In der Praxis kommen die ökonomischen Gesetze in ihren ganzen Wechselbeziehungen zur Geltung. Auf unvollkommen erforschten Zusammenhängen und Wirkungsbedingungen der ökonomischen Gesetze basierende ökonomische Regelungen erweisen sich in der Praxis als Halbheit oder untauglich (erinnert sei an die normative Nettogewinnabführung an den Staat). Besonders macht sich das bei der Anwendung und bewußten Ausnutzung der ökonomischen Gesetze zur wirkungsvolleren Gestaltung der wirtschaftlichen Rechnungsführung bemerkbar, die auf dem Wirken des Wertgesetzes beruht, deren Inhalt aber von mehreren ökonomischen Gesetzen des Sozialismus bestimmt wird. Es muß darum in der wirtschaftswissenschaftlichen Forschung viel stärker berücksichtigt werden, daß bei der praktischen Anwendung der wirtschaftlichen Rechnungsführung z. B. das Wirken des Gesetzes der planmäßigen proportionalen Entwicklung der Volkswirtschaft und des Wertgesetzes eng miteinander verbunden ist.

Das ist ein erster Gesichtspunkt.

Zum anderen führt die ungenügende Aufdeckung der Wirkung der ökonomischen Gesetze und der Bedingungen für ihre bewußte Ausnutzung in der Praxis häufig dazu, ökonomische Regelungen zu verwerfen und durch neue (ebenso ungenügend erforschte) zu ersetzen, statt die oftmals notwendigen Voraussetzungen für ihr richtiges Funktionieren zu schaffen. So gibt es gegenwärtig z. B. vielerlei Diskussionen und unterschiedliche Meinungen zum einheitlichen Betriebsergebnis und zum Prinzip der Eigenerwirtschaftung der Mittel. Selbst die Produktionsfondsabgabe, die ausgehend von den ökonomischen Gesetzen als ökonomische Kategorie ganz bestimmte Funktionen zu erfüllen hat, wird mitunter lediglich als eine Finanzgröße angesehen.

Ich sehe es als eine wichtige Aufgabe unserer Arbeit im Rat an, den Klärungsprozeß im Interesse hoher Wirksamkeit, Stabilität und Kontinuität des ökonomischen Systems des Sozialismus aktiv zu beeinflussen.

Von besonderer Bedeutung ist darum die tiefgründigere Erforschung und Bestimmung des Platzes und Gewichtes der einzelnen ökonomischen Gesetze im System der ökonomischen Gesetze des Sozialismus. Von eben solcher Bedeutung ist die Erforschung ihrer Wechselwirkungen und ihre qualitative wie quantitative Bestimmung als Grundlage für die Vervollkommnung des ökonomischen Systems des Sozialismus, wie das die Forschungsschwerpunkte vorsehen. Aus dem praktischen Leben heraus möchte ich einige Fragen aufwerfen, die im Interesse der weiteren Vervollkommnung der wirtschaftlichen Rechnungsführung durch die wirtschaftswissenschaftliche Forschung einer Beantwortung bedürfen:

a) Welche Wechselbeziehungen und wechselseitigen Bedingungen bestehen zwischen dem Gesetz der planmäßigen proportionalen Entwicklung und dem Wertgesetz?
b) Heißt Primat des Gesetzes der planmäßigen proportionalen Entwicklung Unterordnung des Wertgesetzes?
c) In welchem Maße bestimmt oder beeinflußt das Wertgesetz das Gesetz der planmäßigen proportionalen Entwicklung?

d) Unter welchen Bedingungen muß das eine oder das andere Gesetz stärker im Vordergrund der Wirtschaftspolitik stehen?

2. In den vorliegenden Thesen wird hervorgehoben, daß eine wesentliche Seite der wirksameren Ausnutzung der ökonomischen Gesetze in Zukunft darin besteht, auf der Grundlage einer qualifizierten materiellen Planung und Bilanzierung die Wirkungsrichtungen des Gewinns so zu verändern, daß die gewinnbildenden Faktoren auf die Verminderung des gesellschaftlich notwendigen Aufwandes, die Senkung der Kosten und in untrennbarer Einheit damit auf die bedarfsgerechte Produktion gerichtet sind.

Mit einigen Maßnahmen zur Vervollkommnung der wirtschaftlichen Rechnungsführung wurden nach dem VIII. Parteitag erste Schritte in dieser Richtung getan. Sie dürfen aber keineswegs überbewertet werden. Nach meiner Auffassung liegt das Kriterium der Verwirklichung dieser richtigen These in der Erforschung noch einiger ungelöster Probleme als Voraussetzung für praxisreife ökonomische Regelungen.

Ein solches Problem besteht darin, die Effektivität des betrieblichen Reproduktionsprozesses, die man in der wirtschaftlichen Rechnungsführung mit den ökonomischen Wertkennziffern Kosten und Gewinn nicht umfassend messen und bewerten kann, zu einem exakteren und realisierbaren Maßstab der Bewertung der Leistungen der Beriebskollektive zu machen, so daß materielle Interessiertheit und ökonomische Stimulierung dem Ziel dienen: bedarfsgerecht mit höchster Effektivität zu produzieren.

Effektivität ist aber mit Gewinn und Kosten nicht gleichzusetzen. Die Höhe der Kosten und des Gewinns reicht für die Beurteilung der Effektivität im betrieblichen Reproduktionsprozeß allein als Maßstab nicht aus.

Es bedarf ausgehend von der wissenschaftlichen Erkenntnis über die Wirkungszusammenhänge der Effektivitätsfaktoren einer in der sozialistischen Betriebswirtschaft und insbesondere in der wirtschaftlichen Rechnungsführung einfach handhabbaren Methode der Messung, Bewertung und Stimulierung der betrieblichen Effektivität.

Daran läßt sich gleich ein weiteres Problem anknüpfen. Das ist die immer notwendiger werdende Berücksichtigung der objektiven Verflechtungen und Beziehungen zwischen der betrieblichen Effektivität und der volkswirtschaftlichen Effektivität. Es ist schon heute für die wirtschaftliche Rechnungsführung eine unmittelbar praktische, aber allerdings ungelöste Frage, wie die ökonomischen Wertkategorien und ihre Wirksamkeit im betrieblichen Reproduktionsprozeß die Übereinstimmung von betrieblicher und volkswirtschaftlicher Effektivität gewährleisten. Dieses Problem bedarf vor allem einer Lösung im Zuge der Vertiefung der sozialistischen ökonomischen Integration sowie im Zusammenhang mit der Überleitung und Einführung neuer Erzeugnisse, Verfahren und Technologien in die Produktion.

Ich stelle das heraus, weil es doch problematisch ist, im Zuge der immer größer werdenden Arbeitsteilung zwischen Betrieben, Kombinaten und selbst zwischen den Volkswirtschaften so absolut von einer Deckungsgleichheit zwischen der bedarfsgerechten Produktion und hoher Gewinnerwirtschaftung zu sprechen, wie das in den Thesen zum Ausdruck kommt. Abgesehen von der Bedeutung und Notwendigkeit hoher Gewinne kann der Begriff „hoch" jedoch immer nur als ein Leistungsbegriff bewertet werden. Darin besteht aber das Problem.

Die wirtschaftswissenschaftliche Forschung muß dazu beitragen, noch tiefgründiger das Wirken der ökonomischen Gesetze unter den Bedingungen sich vertiefender sozialistischer Arbeitsteilung zu erforschen. Das Hauptproblem, so sehe ich das, besteht darin, den Begriff „geringster Aufwand an gesellschaftlicher Arbeit und höchster gesellschaftlicher Nutzen" unter Ausnutzung der ökonomischen Kategorien, durch Anwendung ökonomischer Hebel und Stimulierung zu einem meßbaren gesellschaftlichen Maßstab und anwendbar für den betrieblichen Reproduktionsprozeß zu machen. Das ist um so bedeutsamer, weil die jetzigen ökonomischen Regelungen zur besseren Gewährleistung der Übereinstimmung von gebrauchswertmäßiger und wertmäßiger Produktion etwas einseitig auf betrieblichen Reproduktionsbedingungen, also auch auf subjektiven Bedingungen, beruhen. Das ist auch kennzeichnend für die Anwendung des Prinzips der Einheit von materieller und finanzieller Planung.

Die Lösung dieser theoretisch und praktisch aktuellen Fragen muß dazu führen, daß die wirtschaftswissenschaftliche Forschung ein sichereres Fundament für die Praxis wird.

Oberst Dr. J. Oreschko

Zur Berücksichtigung der Erfordernisse der Landesverteidigung in der wirtschaftswissenschaftlichen Forschung

Die Berücksichtigung und Verwirklichung der dialektischen Wechselbeziehung zwischen ökonomischer Theorie, Wirtschaftspolitik und Wirtschaftspraxis mit ihren Konsequenzen für die wirtschaftswissenschaftliche Forschung haben für die ökonomische Sicherstellung des Schutzes und der Verteidigung unserer Republik im Rahmen der sozialistischen Militärkoalition hohe praktische Bedeutung.

Ausgehend von der Feststellung des VIII. Parteitages unserer Sozialistischen Einheitspartei Deutschlands, daß die „Stärkung der Verteidigungskraft der sozialistischen Staatengemeinschaft zu den *wichtigsten Aufgaben der Partei* und ihres Zentralkomitees gehören" (Entschließung des VIII. Parteitages der SED in „Dokumente", S. 31), muß es deshalb ein Grundanliegen auch der wirtschaftswissenschaftlichen Forschung sein, in allen prinzipiellen Fragen dieser Forderung Rechnung zu tragen.

Bei der ökonomischen Sicherstellung der Nationalen Volksarmee und der anderen bewaffneten Organe wurden und werden große Anstrengungen unternommen, um von dieser Seite die entsprechenden Voraussetzungen für die wirksame Gestaltung des Schutzes und der Sicherheit unseres Staates zu schaffen.

Die zunehmende Kompliziertheit dieser Aufgaben, die sich aus der engen Verbindung und Wechselwirkung zwischen Politik, Ökonomie und Landesverteidigung ergibt, die im Prozeß der wissenschaftlich-technischen Revolution und der Revolution im Militärwesen auftritt sowie durch das Entstehen von Problemen, die sich aus der immer stärkeren Verflechtung von ziviler und militärischer Produktion ergeben, erfordern auch in der wirtschaftswissenschaftlichen Forschung entsprechende Aufmerksamkeit.

Die Erreichung einer hohen Effektivität der ökonomischen Sicherstellung der Landesverteidigung und der inneren Ordnung sowie optimaler Ergebnisse für diese Aufgaben in der Planung der Volkswirtschaft, der Zweige, Bereiche, Standorte und Territorien bedarf gerade in der entwickelten sozialistischen Gesellschaft gründlicher wissenschaftlicher Durchdringung.

Dabei ist davon auszugehen, daß Landesverteidigung und Sicherheit und somit auch ihre ökonomische Fundierung integrierter Bestandteil unserer sozialistischen Gesellschaft sind. Und gerade hier kommt es darauf an, über die allgemeine Feststellung der Notwendigkeit dieser Aufgaben hinauszugehen und konkrete, für die Wirtschaftspolitik und -praxis brauchbare wissenschaftliche Untersuchungen und Lösungen zu schaffen.

Daraus ergibt sich, daß diese Aufgabe nicht das Anliegen nur von speziell orientierten Kadern sein kann – etwa Militärökonomen –, sondern aller Wirtschaftswissenschaftler, entsprechend des Grades der Wirkungsweise und -richtung des untersuchten Gegenstandes der Wirtschaftswissenschaft für die Fragen des Schutzes und der Sicherheit.

Auf keinen Fall wäre es richtig, diesen wichtigen Komplex, der letztlich für die Existenz der sozialistischen Gesellschaft von so eminenter Bedeutung ist, im Rahmen der „nichtmateriellen Bereiche" allgemein einzuschließen.

Wir sollten uns bei diesen Fragen das Vorgehen der sowjetischen Genossen in der wirtschaftswissenschaftlichen Forschung noch stärker zu eigen machen, die angefangen von grundsätzlichen wirtschaftswissenschaftlichen Dokumenten bis zu aktuellen Untersuchungen und Ausarbeitungen den ökonomischen Wirkungen für die Sicherheit und Landesverteidigung den ihnen gebührenden Platz einräumen.

Ohne Zweifel gibt es in der wirtschaftswissenschaftlichen Forschung in unserer Republik auf diesem Gebiet noch große Möglichkeiten, um sowohl aussagekräftige Ergebnisse und verwertbare Materialien für die Aus- und Weiterbildung der Studenten, Partei- und Wirtschaftskader zu schaffen, die in ihrer praktischen Tätigkeit früher oder später nahezu alle mit Fragen der ökonomischen Sicherstellung der Landesverteidigung und Sicherheit konfrontiert werden, als auch Forschungsergebnisse und theoretische Grundlagen für konkrete Leitungs-, Planungs- und Organisationsaufgaben der ökonomischen Sicherstellung der Landesverteidigung in den zentralen Organen, VVB, Kombinaten, Betrieben und Territorien zur Verfügung zu haben.

Oft wird in der Praxis bei der Verwirklichung von Aufgaben der ökonomischen Sicherstellung der Landesverteidigung bei einer Reihe Genossen viel Initiative entwickelt und Aufwand betrieben, um diesen Forderungen gerecht zu werden. Bei Vorhandensein fundierter wissenschaftlicher Grundlagen und klarer theoretischer Lösungsvarianten kann jedoch erst den Anforderungen voll entsprochen werden. Damit wird der Aufwand geringer, und die erzielten Ergebnisse sind effektiver.

Ganz gleich, ob das Fragen der Volkswirtschafts- oder territorialen Planung betrifft, Probleme der Investitionstätigkeit oder der Forschung und Entwicklung, der Produktion, Instandsetzung und des Transportwesens.

Es ist natürlich nicht zu übersehen, daß bei einer Reihe Wissenschaftler auf Grund spezifischer Fragen teilweise dazu Zurückhaltung geübt wird, obwohl die Forderungen von Partei und Regierung eindeutig sind und in entsprechenden Dokumenten (Verfassung, Verteidigungsgesetz u. ä.) festliegen.

Es sollte deshalb gerade auch das Anliegen des „Rates für wirtschaftswissenschaftliche Forschung“ sein, mit dazu beizutragen, hier einen Wandel zu erreichen.

Dabei kommt es darauf an, zu vielfältigen und höheren wissenschaftlichen Ergebnissen der ökonomischen Sicherstellung der Landesverteidigung in allen Bereichen der wirtschaftswissenschaftlichen Forschung zu gelangen und selbstverständlich auch bei spezifischen Fragen in der Militärökonomie selbst.

Bei der Überarbeitung der vorliegenden Thesen sowie in der weiteren Arbeit des „Rates“ sollte diesem Grundanliegen Rechnung getragen werden.

In diesem Zusammenhang gestatte ich mir, den Vorschlag zu unterbreiten, daß eine Überprüfung der vorliegenden Thesen dahingehend vorgenommen wird, daß einige Formulierungen exakter gefaßt werden. So ist z. B. die Zielsetzung der Wirtschaftspolitik zu eng formuliert. Sie dient der Verwirklichung der Gesamtpolitik von Partei und Regierung und nicht nur ökonomischer Interessen. Selbstverständlich hat sie damit auch entscheidende Bedeutung für die materiellen Grundlagen und die Verteidigungskraft unseres Staates.

Auch die Formulierungen zur Rolle der staatlichen Regelungen der Volkswirtschaftsplanung und ihrer Wertung im Verhältnis zur Theorie bedürfen der Überprüfung.

Das ist deshalb von Bedeutung, weil nach diesen Materialien viele Tausende Wirtschaftskader arbeiten und praktischen Einfluß auf unsere Wirtschaftspolitik ausüben. Eine Geringschätzung dieser Regelungen als nichttheoretisch hat ohne Zweifel weittragende Folgen.

Gleichfalls bedarf die Forderung der Anwendung der elektronischen Datenverarbeitung einer Präzisierung. Die jetzige Formulierung ist hinsichtlich der Aussage über Einsparung von Aufwand in der vorliegenden Form einseitig und teilweise illusionär.

Prof. Dr. E. Mader

Zur Forschungsarbeit auf den Gebieten der wissenschaftlichen Arbeitsorganisation und der Lohn- und Tarifpolitik

Wir begrüßen, daß sich die 1. Sitzung des Rates mit diesen Fragen beschäftigt. Von den Fortschritten bei der Beantwortung dieser Problematik werden praktische Folgerungen für die weitere Arbeit abhängen, insbesondere was die künftigen Leistungen des Rates für die wirtschaftswissenschaftliche Forschung und ihre Grenzen betrifft.

Wir halten die Stoßrichtung der Thesen, daß es in der wirtschaftswissenschaftlichen Forschung vor allem um eine stärkere theoretische Fundierung und gleichzeitig aber auch darum geht, daß die Arbeit bis zu konkreten Lösungen für die Vervollkommnung der Leitung, Planung und ökonomischen Stimulierung geführt werden muß, für sehr richtig. Die Erfahrungen der vergangenen Jahre haben uns sehr deutlich gemacht, daß ohne stabile theoretische Ergebnisse wenig Sicherheit und Stabilität in der Praxis bestehen.

Wir möchten deshalb den vorgelegten Thesen grundsätzlich zustimmen. Sie stellen eine konstruktive Diskussionsgrundlage dar, sie bringen Fortschritte zum Ausdruck, die in der Arbeit nach dem VIII. Parteitag erreicht wurden. Mitunter wünscht man sich allerdings, daß die angesprochenen Probleme etwas weitgehender eingeschätzt und auch Schwerpunkte genannt worden wären, die stärker in den Mittelpunkt der künftigen gemeinsamen Arbeit gerückt werden sollten.

Wir sind der Auffassung, daß die Politische Ökonomie an bestimmten Schwerpunkten und Kettengliedern der theoretischen Arbeit, von der konkreten Analyse der praktischen Entwicklung ausgehend, stärker in Zusammenarbeit mit anderen wirtschaftswissenschaftlichen Disziplinen wirksam werden sollte.

So wird z. B. in These 9 davon gesprochen, daß bei der Entwicklung einer praxiswirksamen Lohntheorie sowohl die Erfordernisse des Gesetzes der Verteilung nach der Arbeitsleistung als auch anderer ökonomischer Gesetze beachtet werden müssen. Das ist richtig, aber auch seit langem unumstritten. Die größeren Probleme bestehen darin, daß es bis heute mit den vorhandenen Methoden und Instrumenten der Leitung und Planung nur ungenügend gelingt, die Funktionen des Lohnes richtig zur Wirkung zu bringen. Die dialektische Beziehung zwischen der sozialen Funktion des Lohnes, seiner Stimulierungsfunktion und seiner Kostenfunktion wird noch ungenügend beherrscht. Mit der theoretischen und praktischen besseren Lösung dieser Fragen werden — wie Experimente mit einer produktivitätsfördernden Lohngestaltung in den letzten Jahren gezeigt haben — wichtige Wirkungen für die Festigung einer sozialistischen Einstellung zur Arbeit und für hohe ökonomische Ergebnisse in der Produktion ausgelöst.

Gegenwärtig wird an den Problemen der Entwicklung und Gestaltung des Arbeitseinkommens auf lange Sicht gearbeitet. Wir haben in diesem Zusammenhang auch die Erfahrungen anderer sozialistischer Länder, insbesondere der Sowjetunion, in der letzten Zeit ausgewertet. Es zeigt sich, daß gegenüber den theoretischen Auffassungen und der Praxis der fünfziger Jahre eine wesentliche Weiterentwicklung vor sich gegangen ist. Es haben sich Züge eines qualitativ neuen Herangehens an die Lohn- und Tarifpolitik entwickelt, das zwar durch spezifische Ausgangsbedingungen der jeweiligen Länder gekennzeichnet ist, aber in grundsätzlichen Fragen sehr starke Gemeinsamkeiten aufweist. Wir sind der Meinung, daß die weitere theoretische Durchdringung dieser Probleme und die Entwicklung praxisreifer Lösungen ein Schwerpunkt für die gemeinsame Arbeit in der wirtschaftswissenschaftlichen Forschung sein müßte.

Zu einigen anderen Problemen unserer Arbeit:

Wir haben in den vergangenen Jahren systematisch die sowjetischen Erfahrungen auf dem Gebiet der wissenschaftlichen Arbeitsorganisation ausgewertet und für unsere Praxis nutzbar zu machen versucht.

Wir sind der Auffassung, daß es sich dabei nicht schlechthin nur um eine Sammlung von Instrumenten zum Studium, zur Gestaltung, Normung, Klassifizierung und Stimulierung der Arbeit handeln darf, sondern daß es notwendig ist, in nächster Zeit verstärkt an der theoretischen Fundierung der Probleme zu arbeiten. Im Vordergrund steht die Einordnung dieser Fragen in die Leitung und Planung der Volkswirtschaft insgesamt bis zum Betrieb. Es geht uns dabei insbesondere um das Verhältnis zwischen Wirtschaftstheorie und Nutzung der Erkenntnisse in der Praxis, die nur über den Plan zu verwirklichen sind. Nur wenn über den Plan Veränderungen erreicht werden, kann man eine solche Analyse der konkreten Erscheinungen vornehmen, die eine echte Rückwirkung auf die theoretische Weiterentwicklung hat. Zu lösen ist das Problem einer Methodik zur Planung der Arbeit, wie sie in der sowjetischen Praxis seit Jahren erfolgreich angewandt wird.

Wissenschaftliche Arbeitsorganisation hat bekanntlich die Einheit von Arbeitsproduktivität, Effektivität und bestmöglichen Arbeitsbedingungen für die

Werktätigen zum Ziel. Das Ausarbeiten dieser Probleme kann von den Ökonomen allein nicht bewältigt werden, sondern erfordert immer stärker die Entwicklung der Zusammenarbeit mit Naturwissenschaftlern, Technikern (Psychologie, Physiologie, Ingenieurwissenschaften) u. a. gesellschaftswissenschaftlichen Disziplinen, wie z. B. der Soziologie. Wir werden diese Komplexität verstärkt auszubauen anstreben.

Wichtigste Aufgabe unserer künftigen Arbeit wird das Herausarbeiten von Lösungen für die bessere Durchsetzung des sozialistischen Leistungsprinzips sein. Ein besonderer Knotenpunkt ist dabei die Wechselbeziehung zwischen der Anwendung technisch begründeter Arbeitsnormen und der leistungsabhängigen Entwicklung des Arbeitslohnes. Die komplizierte Lage auf dem Gebiet der Arbeitsnormung ist bekannt. Hier geriet Bewährtes vielfach in Vergessenheit. Eine wirkungsvolle, beherrschbare Tarifpolitik erfordert aber eine stabile Basis in der Arbeitsnormung. Genauso klar ist aber auch, daß ohne wirksame materielle Interessiertheit über den Lohn keine massenhafte Aktivität der Arbeiter für die Ausarbeitung und Anwendung technisch begründeter Arbeitsnormen erreicht wird. Aus unserer Arbeit ist uns bekannt, daß in den Betrieben im Durchschnitt Produktivitätsreserven zwischen 15 und 30% existieren, die durch eine bessere Organisation der Arbeit, durch Verdichtung von Poren des Arbeitstages und bessere Ausnutzung von Leistungsreserven erschlossen werden können.

Unsere Erfahrungen haben auch bestätigt, daß bei richtiger Gestaltung der Beziehungen zwischen Normen und Lohn die Interessen der Arbeiter mit denen des Betriebes bzw. der Gesellschaft wirkungsvoll in Übereinstimmung gebracht und viele Reserven mit Hilfe der Arbeiter ausgeschöpft werden können.

So wie die Verbesserung der Arbeitsnormung weitestgehend von einem kontinuierlichen Planablauf abhängt, so ist sie gleichzeitig auch eine wichtige Voraussetzung für die Qualifizierung der betrieblichen Planung selbst. Das bezieht sich nicht nur auf die unmittelbaren Tätigkeiten in der Produktion, sondern auch auf Tätigkeiten in der Leitung, Produktionsvorbereitung und Verwaltung, wo wir begonnen haben, die sowjetischen Erfahrungen für die Anwendung von Beschäftigtennormativen auszuwerten.

Im Zusammenhang mit der Intensivierung des Reproduktionsprozesses halten wir darüber hinaus die Probleme der Leistungsmessung und Leistungsbewertung von Betrieben bzw. Betriebskollektiven für erstrangige Aufgaben zur weiteren Vervollkommnung der Leitung, Planung und ökonomischen Stimulierung. Wir wollen hier als nächstes eine bestimmte analytische Arbeit durchführen, wobei den Beziehungen zwischen Arbeitsproduktivität und Effektivität besondere Aufmerksamkeit geschenkt wird. Wir werden neben der eigenen Forschungsarbeit, die wir mit unseren Kräften zu leisten in der Lage sind, vor allem die Entwicklung in der sowjetischen Forschung auf diesem Gebiet verfolgen und ihre Ergebnisse auswerten. Uns scheint, daß hier ebenfalls ein Schwerpunkt für die weitere theoretische Arbeit wie auch für die Entwicklung praktikabler Lösungen liegt.

Einige Schlußfolgerungen:

1. Unseres Erachtens liegt der Wert der Beratung nicht nur darin, daß damit zu Meinungsbildung und Erkenntnisfortschritt beigetragen wird. Ihr Wert liegt auch darin, daß damit ein wissenschaftlicher Meinungsstreit zu herangereiften Fragen eingeleitet wird. Das ist besonders zu den Fragen der materiellen und moralischen Stimulierung und den damit verbundenen Problemen wichtig. Wir sind der Auffassung, daß diese komplizierten und politisch außerordentlich bedeutsamen Fragen genau wie andere theoretische und praktische Probleme auf wirtschaftswissenschaftlichem Gebiet Gegenstand der wissenschaftlichen Diskussion sein sollten. Wir sind davon überzeugt, daß die Auswertung der heutigen Beratung sowohl in der theoretischen Arbeit weiterhelfen als auch für die Praxis nützlich sein wird.

2. Es muß für die Arbeit in den Räten noch deutlicher werden, was die Wirtschaftspolitik vorrangig braucht. Wenn die Kräfte nicht auf jene Schwerpunkte und Kettenglieder gerichtet werden, deren Lösung das Ganze weiterbringt, dann gibt es Tempoverlust, dann kann die Wirtschaftswissenschaft nicht den erforderlichen stabilen Vorlauf schaffen. Nach unserer Auffassung ist so ein Schwerpunkt die weitere theoretische Durchdringung und die Ausarbeitung praktischer Lösungen für die bessere Durchsetzung des Gesetzes der Ökonomie der Zeit und des sozialistischen Leistungsprinzips im Zusammenhang mit den anderen ökonomischen Gesetzen des Sozialismus. Dazu geben uns die Erfahrungen und Erkenntnisse der sowjetischen Wissenschaftler – wie sie in dem neuen Lehrbuch für Politische Ökonomie[1] und in anderen Arbeiten zum Ausdruck kommen – eine Reihe von Anregungen.

3. Die Zusammenarbeit und die wissenschaftliche Diskussion im Rat sollten gleichzeitig helfen, die Arbeit an den Schwerpunkten immer vom Gesamtzusammenhang der ökonomischen Theorie zu sichern. Offensichtlich müssen die wirtschaftswissenschaftlichen Teildisziplinen ganz bestimmte konkrete Ergebnisse für die Anwendung in der Praxis liefern, die eben nur im Ergebnis konzentrierter Arbeit auf „Spezialstrecken" erreicht werden können. Dabei darf aber nicht der Gesamtzusammenhang der Fragen aus dem Auge verloren werden. Auch Perfektionismus darf bei der Lösung von Grundfragen nicht zugelassen werden. Er ist meist ein Ausdruck des nicht ausreichenden Beachtens von Zusammenhängen und auch der Vernachlässigung der Analyse von Wirkungs-

[1] Lehrbuch Politische Ökonomie Sozialismus, Berlin 1972.

bedingungen. Die Arbeit im Rat wird helfen, solchen Erscheinungen entgegenzuwirken. Zur Frage der Einführung von Forschungsergebnissen in die Praxis und der damit verbundenen Arbeit von Arbeitswissenschaftlern in ausgewählten Betrieben und Kombinaten haben wir eine eindeutige Auffassung. Die Realisierung von Forschungsergebnissen, die Anwendung weiterentwickelter bzw. neuer Methoden und Instrumente der wissenschaftlichen Arbeitsorganisation, der materiellen und ideellen Stimulierung wird uns helfen, diejenigen Probleme zu erkennen, die weiterhin gründlich erforscht werden müssen, um schnell zu praxiswirksamen Veränderungen zu kommen.

4. Es ergeben sich aus unserer Sicht einige Schlußfolgerungen für weitere Forschungen auf arbeitswissenschaftlichem Gebiet. Sie werden in der Forschungsplanung unseres Instituts und in der Tätigkeit des Rates für Ökonomie und Organisation der Arbeit bzw. des Arbeitswissenschaftlichen Rates ihren Niederschlag finden:

- Es wird notwendig, die Forschung noch stärker auf die jeweiligen Schwerpunkte zu konzentrieren. So ein Schwerpunkt wird auf längere Zeit die bessere Durchsetzung des sozialistischen Leistungsprinzips sein, nämlich die Schaffung von Voraussetzungen für hohe Leistungen und die richtige materielle und moralische Anerkennung dieser Leistungen. Dabei geht es um vorwärtsführende Veränderungen in der Praxis. Es kommt nicht darauf an, dafür irgendwelche besonderen Lösungen zu finden. Wichtig ist vielmehr, daß die wissenschaftliche Abstraktion auf Experimenten, Analysen und Erfahrungen aufbaut. Nicht nur die sog. Originalität eines Forschungsergebnisses entscheidet, wichtig ist in erster Linie, daß die Lösungen der Realität entsprechen.
- Es geht darum, Erkenntnisse und Erfahrungen der Sowjetunion und anderer sozialistischer Länder noch wirkungsvoller zu übertragen. Dafür ist wichtig, nicht schlechthin nur Inhalt und Ergebnisse ausgearbeiteter und angewandter Lösungen zu studieren, sondern vor allem auch ihr Zustandekommen, die Art und Weise, wie geforscht wird und die Fundierung von Lösungen durch Experimente, Analysen u. ä.
- Weiterhin zeigt sich, daß es nicht nur auf die bereits genannte verstärkte Konzentration ankommt, sondern daß eine zielgerichtete Entwicklung arbeitswissenschaftlicher Kapazitäten erforderlich wird. Entsprechend sowjetischen Erfahrungen liegt hier der Schwerpunkt bei der Vergrößerung solcher Forschungskapazitäten, wie der Arbeitsphysiologie, der Arbeitspsychologie und der Arbeitssoziologie.

Es wird deutlich, daß nur komplexe arbeitswissenschaftliche Untersuchungen und deren Ergebnise auf ausgewählten Gebieten diejenigen Grundlagen für wirtschaftspolitische Lösungen geben, die in Zukunft zum beschleunigten Wachstum der Arbeitsproduktivität und Effektivität bei gleichzeitiger Verbesserung der Arbeits- und Lebensbedingungen der Werktätigen führen.

Prof. Dr. U.-J. Heuer

Einige Überlegungen zum Praxisbegriff und dem Verhältnis von Politik und Ökonomie in der sozialistischen Gesellschaft

Die vorgelegten Thesen enthalten viele richtige und wichtige Gedanken, denen ich voll zustimme.

In einigen Punkten sind sie dagegen m. E. nicht bis zu Ende durchgearbeitet. Auf zwei dieser Punkte möchte ich eingehen.

Die Praxis wird in der These 4 als Grundlage und Kriterium der Theorie bezeichnet. Später wird dann eine Reihe von Widersprüchen zwischen ökonomischer Theorie und Praxis angeführt. So wird einerseits die Entfernung der Theorie von der Praxis und andererseits die Kommentierung der Praxis als möglicher Widerspruch angeführt. Im Ergebnis soll die Theorie sich also nicht von der Praxis entfernen, sie aber auch nicht kommentieren. Aber wie soll eine Theorie mehr sein als Kommentar der Praxis, wenn die Praxis zugleich ihr Ausgangspunkt und ihr Kriterium ist?

Mir scheint, daß dieser scheinbare Widerspruch nur lösbar ist, wenn wir uns darüber verständigen, was wir unter Praxis verstehen. In der genannten These wird die Wirtschaftspraxis einmal als materiell-gegenständliche umgestaltende Tätigkeit der arbeitenden Menschen zur Produktion und Reproduktion ihres materiellen Lebensunterhalts und dann als unmittelbare ökonomische Realität in ihren vielfältigen Erscheinungen definiert. Von einer so definierten Praxis darf sich die Theorie nicht nur entfernen, sie muß es sogar. Ich möchte an die Formulierung Lenins im Philosophischen Nachlaß erinnern: „Das Denken, das vom Konkreten zum Abstrakten aufsteigt, entfernt sich nicht, wenn es *richtig* ist ..., *von* der Wahrheit, sondern nähert sich ihr. Von der lebendigen Anschauung zum abstrakten Denken *und von diesem* zur Praxis – das ist der dialektische Weg der Erkenntnis.“ (Werke, Band 38, S. 160.)

Eine Theorie, die sich nicht von der unmittelbaren ökonomischen Realität entfernt, kann niemals Instrument ihrer Veränderung sein. Und gerade um diese Veränderung geht es ja.

Mir scheint, daß die Autoren der Thesen hier einfach einen zu engen, nur ökonomistisch verstandenen Praxisbegriff haben. Wenn wir mit dem Philosophischen Wörterbuch unter Praxis den Gesamtprozeß der Umgestaltung der objektiven Realität durch die Menschheit verstehen, so ist es notwendig, sowohl den Bezugspunkt der objektiven Realität als auch die Seite der Veränderung, der Gestaltung zu betonen. Diese Veränderung ist Grundlage der Theorie, um ihretwillen wird die Theorie gemacht und an ihren Ergebnissen wird auch die Theorie dann gemessen. Unsere Theorie kann nur daran gemessen werden, wie sie es der Arbeiterklasse und ihren Verbündeten ermöglicht, die Gesellschaft entsprechend ihren objektiv bedingten Zielen zu gestalten. Das bedeutet, daß diese Theorie immer die objektive Realität zur Kenntnis nehmen muß, sie nicht verfälschen darf. Das bedeutet zweitens, daß sie an ihrer Wirkung hinsichtlich einer Veränderung eben dieser objektiven Realität im Interesse der Arbeiterklasse gemessen werden muß. Es ist damit durchaus berechtigt, wenn in den Thesen gegen eine sterile, praxisferne Theorie polemisiert wird. Steril ist aber m. E. eine Theorie dann, wenn sie auf Veränderung, auf Weiterentwicklung, auf das Aufdecken und Lösen von Widersprüchen verzichtet. Wieviel „unmittelbare Realität" sie dabei wiedergibt, ist daneben durchaus zweitrangig. Umfassende Beschreibung oder — um mit den Autoren zu sprechen — Kommentierung der Realität kann genauso steril sein wie eine von dieser Realität entfernte dogmatische Selbstbespiegelung der Theorie. Für die Umgestaltung unserer Welt entsprechend unseren eigenen Interessen ist beides gleich ungeeignet.

Nun könnte man fragen: Ja, wie weit darf sich denn nun die Theorie von der unmittelbaren Realität entfernen, wie abstrakt darf sie denn sein? Auf eine so allgemein gestellte Frage kann es nur die ebenso allgemeine Antwort geben: Die Theorie darf und muß sich von der unmittelbaren Realität so weit entfernen, sie darf und muß so abstrakt sein, daß sie zu der gesellschaftlich notwendigen Änderung dieser Realität, zur Praxiswirksamkeit, tauglich ist. Konkreteres kann man nur sagen, wenn man über konkrete Theorien diskutiert.

Von diesen Überlegungen her habe ich auch Einwände gegen die Polemik in bezug auf die Entwicklung der Theorie aus sich selbst heraus (These 5). Soweit hier sterile Selbstbespiegelung der Theorie gemeint ist, bin ich voll einverstanden. Man muß aber m. E. in diesem Zusammenhang drei Dinge beachten.

Erstens kann man die Politische Ökonomie nicht von den anderen Wissenschaften, vor allem von den anderen Bestandteilen des Marxismus lösen. Die Beziehungen zwischen der Politischen Ökonomie und der Philosophie sind theoretische Beziehungen. Die Einwirkungen unserer marxistisch-leninistischen Philosophie auf die Wirtschaftswissenschaften im Allgemeinen und die Politische Ökonomie im Besonderen sind theoretische Einwirkungen. Sicherlich steht eine Wissenschaft zur anderen nicht im Verhältnis der administrativen Über- und Unterordnung. Aber eben deshalb muß sie theoretisch einwirken. Das gilt besonders für die Philosophie als allgemeine theoretische Grundlage des Marxismus, als den umfassendsten theoretischen Ausdruck der Interessen der Arbeiterklasse. „Wie die Philosophie im Proletariat ihre materiellen, so findet das Proletariat in der Philosophie seine geistigen Waffen.“ (KARL MARX; K. MARX, F. ENGELS, Werke, Band 1, S. 319.)

Zweitens muß die Theorie als systematisch geordnete Menge von Aussagen in sich vom Prinzip her logisch widerspruchsfrei sein. Die theoretische Arbeit verlangt die Aufdeckung und Ausmerzung derartiger Widersprüche. Gleichzeitig führt jede einmal ausgebildete Theorie zu zahlreichen, zunächst einmal theoretisch entwickelten Konsequenzen. Es ist auch offenbar so, daß die Rolle auf diesem Wege gewonnener theoretischer Aussagen wächst. Ich sehe beispielsweise keinen anderen Weg, zu Prognosen zu gelangen, da unmittelbare Erfahrungen hier nicht zur Verfügung stehen.

Drittens stellt der Meinungsstreit eine wichtige Form der „inneren“ Bewegung der Theorie dar. Wenn der Meinungsstreit ein Streit der Meinungen ist, dann kann er nur ein Streit über eine unterschiedliche *theoretische* Einschätzung bestimmter Sachverhalte sein. Er ist gerade dann sinnvoll, wenn die theoretischen Schlußfolgerungen aus einem gegebenen Sachverhalt nicht eindeutig sind, wenn verschiedene Schlußfolgerungen als möglich erscheinen. Die Geschichte der Wissenschaft kennt viele Fälle, in denen dieselben neuen Sachverhalte ganz verschiedenen Theorien als Stütze dienten, wobei die Theorien solange weiterentwickelt und verfeinert wurden, bis die praktische Erfahrung die Entscheidung ermöglichte. Bereits in diesem letzten Punkt wurde deutlich, und das gilt auch für die beiden anderen Bemerkungen: Letztes Wahrheitskriterium ist und bleibt die Praxis. Die innere Entwicklung der Theorie führt letztlich stets zur Praxis zurück. Wir sollten uns nur davor hüten, diesen Weg allzu rasch abkürzen zu wollen. Der Kampf der Arbeiterklasse ist langfristig angelegt. Sie bedarf für diesen Kampf tauglicher, umfassend ausgearbeiteter und natürlich immer wieder an der Praxis überprüfter Theorien auf der Grundlage des Marxismus-Leninismus.

Nun zum zweiten Punkt. In der These 2 wird zum Verhältnis von Ökonomie und Politik Stellung genommen. Es wird erstens festgestellt, daß die Ökonomie materielle Grundlage der Politik sei und zweitens, daß die Politik das Primat gegenüber der Ökonmie habe. Ich hätte es für notwendig gehalten, wenn etwas über das Verhältnis dieser beiden Aussagen dargelegt worden wäre, wie es etwa SIEBER und SÖDER in ihrer Broschüre ‚Politik und Ökonomie im sozialistischen Gesellschaftssystem‘ getan haben. In dieser Art von Gegenüberstellung der beiden bekannten Aussagen des Marxismus-Leninismus hat man mehr den Eindruck von: Einerseits — andererseits.

Die Schwäche der Ausgangsposition der Thesen wird darin deutlich, daß über den Sozialismus eingangs nur gesagt wird, daß hier die Beziehungen zwischen Ökonomie und Politik besonders intensiv sind. Mit einer solchen Feststellung kann der qualitative Unterschied von Kapitalismus und Sozialismus sicherlich nicht gefaßt werden. Auch der Hinweis auf den Brief von ENGELS an SCHMIDT vom 27. 10. 1890 über den Staat als ökonomische Potenz hilft nicht, da ENGELS hier sich überhaupt nicht speziell auf den Sozialismus bezieht.

Weitergehend ist die Formulierung von der Politik als Existenz- und Entwicklungsbedingung der sozialistischen Ökonomie, die aber theoretisch hätte vertieft werden sollen.

Meines Erachtens müßten in diesem Zusammenhang prinzipielle Schlußfolgerungen gerade hinsichtlich der wissenschaftlichen Arbeit und Kooperation zur Diskussion gestellt werden. Auf eine solche Frage will ich hier näher eingehen.

Aus der im gesellschaftlichen Eigentum wurzelnden Rolle des sozialistischen Staates ergibt sich notwendig die Frage, wieweit die staatliche Leitungstätigkeit auf dem Gebiet der Volkswirtschaft auch Gegenstand der Politischen Ökonomie ist, natürlich ohne aufzuhören, gleichzeitig Gegenstand der Staats- und Rechtswissenschaft zu sein. In der Diskussion wird mit Recht immer wieder hervorgehoben, daß die konkreten Wirkungsbedingungen, daß der konkrete Ausnutzungsmechanismus der ökonomischen Gesetze entscheidend sei für die theoretische praxiswirksame Arbeit. Dieser konkrete Ausnutzungsmechanismus ist aber ein Leitungsmechanismus, ist zu wesentlichen Teilen ein staatlicher und auch rechtlicher Mechanismus. Es ist also nicht möglich, die Leitungsbeziehungen, die Beziehungen zwischen den staatlichen Organen im Bereich der Wirtschaftsführung und die Beziehungen zwischen diesen staatlichen Organen und den Wirtschaftseinheiten aus dem Bereich der Politischen Ökonomie auszuklammern.

Es geht mir dabei nicht einfach darum, daß diese Beziehungen unter dem Gesichtspunkt der Ausnutzung ökonomischer Gesetze betrachtet werden. Gegenstand der Wissenschaft sind diese Beziehungen in ihren eigenen Gesetzmäßigkeiten. Man kann nicht von Leitungswissenschaft oder Leitungswissenschaften sprechen, ohne das Bestehen entsprechender Gesetzmäßigkeiten anzuerkennen. Die Anatomie der *sozialistischen* Gesellschaft — um ein Bild von KARL MARX zu übernehmen — muß diese Gesetzmäßigkeiten einschließen. Das ist m. E. eine notwendige Konsequenz aus der Rolle des subjektiven Faktors im Sozialismus. Auch die von der Partei geforderte Auseinandersetzung mit dem Subjektivismus ist auf wissenschaftlichem Gebiet nur dadurch zu führen, daß wir die inneren Gesetzmäßigkeiten des subjektiven Faktors in die ökonomische Analyse einbeziehen, nicht dadurch, daß wir versuchen, eine — historisch längst überwundene — ‚reine' Ökonomie herzustellen, die dadurch vom

Subjektivismus gereinigt werden soll, daß sie den subjektiven Faktor ignoriert, das laissez-faire, laissez-aller und die These vom Nachtwächterstaat wieder aufgreift.

Diese Überlegungen sollen natürlich nicht bedeuten, daß derartige Gesetzmäßigkeiten aufhören, auch Gegenstand anderer Wissenschaften, beispielsweise der Staats- und Rechtswissenschaft zu sein. Die Einbeziehung der Regelung der Planung durch eine Planungsordnung etwa in den Gegenstand der ökonomischen Forschung kann sie nicht der Analyse als Rechtsnorm durch die Rechtswissenschaft entziehen. Staatlich-rechtliche Beziehungen verlieren ihren staatlich-rechtlichen Charakter nicht dadurch, daß sie auch Gegenstand ökonomischer Disziplinen werden. Mehr noch, der Erfolg der wissenschaftlichen Arbeit hängt letztlich davon ab, wie es gelingt, die theoretische Durchdringung gerade dieser Beziehungen in Gemeinschaftsarbeit zu vollbringen. Es ist die Konsequenz dieser Darlegungen, daß die Wirtschaftswissenschaften bestimmte ihrer Aufgaben gar nicht ohne die Hilfe der Staats- und Rechtswissenschaft lösen können. Daß das auch umgekehrt gilt, steht für mich außer Zweifel. Mir lag nur daran, in diesem Kreis gerade die erste Seite zu betonen.

4. Schlußwort

Prof. Dr. H. Koziolek

1. Durch den VIII. Parteitag der SED eingeleitete neue Entwicklungstendenzen der Volkswirtschaft in der DDR

Einer der wichtigsten Vorzüge des Sozialismus gegenüber dem Kapitalismus besteht darin, daß die Produktionsverhältnisse der sozialistischen Gesellschaft frei von Antagonismus sind, die jeder Ausbeuterordnung eigen sind. Die Volksmassen, wie Marx die unmittelbaren Produzenten nannte, bleiben in der Ausbeuterordnung nur Objekte der wirtschaftlichen Tätigkeit, im Sozialismus werden sie Subjekte, aktive Schöpfer des ökonomischen Lebens.

Lenin hinterließ der Partei das Wissen um die unermeßliche schöpferische Kraft der Volksmassen, die durch die sozialistische Revolution zu bewußter geschichtlicher Tätigkeit, zur aktiven Teilnahme am gesellschaftlichen Aufbau erweckt wurde. Die Wirtschaftspolitik des sozialistischen Staates stützt sich nach den Gedanken Lenins auf die Interessiertheit der Volksmassen am Wirtschaftsaufbau. Von dieser Orientierung geht auch die vom VIII. Parteitag ausgearbeitete Wirtschaftspolitik der DDR aus. Auf der Basis der Erfolge, die beim wirtschaftlichen Aufbau erzielt wurden und im Zusammenhang mit neuen Aufgaben, z. B. der Meisterung der wissenschaftlich-technischen Revolution, der intensiv erweiterten Reproduktion, wird die Wirtschaftspolitik entsprechend den Beschlüssen des VIII. Parteitages konsequent verwirklicht. Ihr Ziel besteht darin, planmäßig das materielle und kulturelle Niveau des Volkes zu heben, entscheidende Vorzüge des sozialistischen Wirtschaftssystems vollständig auszunutzen, eine sichere Steigerung der Effektivität der gesellschaftlichen Produktion zu gewährleisten, die das wichtigste Mittel dafür ist, die Zunahme des materiellen Wohlstandes des Volkes und das wirtschaftliche Entwicklungstempo zu beschleunigen. Die vom VIII. Parteitag beschlossene Hauptaufgabe ist eine Orientierung mit langfristigem prinzipiellem Charakter. Sie bedeutet eine klare Orientierung auf wachsenden Volkswohlstand und auf die Intensivierung des Reproduktionsprozesses, vor allem in Form der komplexen Rationalisierung. Erich Honecker betonte, daß die Hauptaufgabe dem ökonomischen Grundgesetz des Sozialismus entspricht und hob hervor, daß die Wirtschaft für unsere Gesellschaft Mittel zum Zweck, zur immer besseren Befriedigung der wachsenden materiellen und kulturellen Bedürfnisse ist.[1] Ihr Inhalt, sowie ihre Verwirklichung in vielgestaltigen ökonomischen und sozialpolitischen Maßnahmen, die vom VIII. Parteitag und den nachfolgenden Plenartagungen des ZK beschlossen wurden, haben bereits große Kräfte der Arbeiterklasse und der Intelligenz freigesetzt. Sie betrachten die Ziele der Gesellschaft, die hoch und zugleich real sind, als ihre eigenen. Sie helfen im Wettbewerb, die auf das Wohl aller gerichtete Hauptaufgabe zu erfüllen.

Die bereits in bestimmtem Umfange verwirklichte Verbesserung des materiellen und kulturellen Lebensniveaus des Volkes hat eine große mobilisierende Wirkung auf die Menschen. Die Politik des Vertrauens in die Fähigkeiten und Energien der Arbeiterklasse und aller Bürger bestätigt sich. Die Verbesserung des materiellen und kulturellen Lebens der Menschen wirkt aktiv auf die Produktion zurück. Der praktische Beweis, daß sich die Arbeit des einzelnen im Sozialismus für ihn lohnt, läßt ständig neue Kräfte für das Wachstum der Produktion durch steigende Produktivität wirksam werden.

Um diese Wirkung zu erhalten und zu verstärken, ist eine Umstellung im Denken der verantwortlichen Leiter erforderlich, die bei allen Überlegungen und Entscheidungen immer von den Bedürfnissen der Bevölkerung ausgehen müssen. Damit das bewußte und aktive Handeln der werktätigen Massen sich erfolgreich entwickelt, bedarf es mehr denn je der lenkenden und führenden Kraft der Partei.

Unsere Partei tut alles, um den demokratischen Zentralismus zu stärken und die Vorzüge der Planwirtschaft stärker zur Wirkung zu bringen, damit sich die Wirtschaft erfolgreich und kontinuierlich entwickelt.

Nach dem VIII. Parteitag haben Kontinuität und Stabilität der wirtschaftlichen Entwicklung zugenommen, wir kommen dem Ziel, planmäßig ausgewogene Proportionen herzustellen, Schritt für Schritt näher. Es wurden von vornherein die Voraussetzungen für die Gesamtproduktion gründlicher und realer berücksichtigt, im Prozeß der Plandurchführung wurde die Leitung verstärkt.

Ergebnisse daraus sind:

- ein schnelleres Wachstum der Zulieferproduktion gegenüber der Herstellung von Finalerzeugnissen,
- die Bereitstellung von Energie und Brennstoffen in zunehmendem Maße,
- das Auftreten neuer Reserven in den Betrieben, die eine zunehmende Auslastung der Grundfonds und eine steigende Arbeitsproduktivität zur Folge haben.

[1] Erich Honecker: Bericht des Zentralkomitees an den VIII. Parteitag der Sozialistischen Einheitspartei Deutschlands. In: Protokoll des VIII. Parteitages, Bd. 1 S. 62. Dietz Verlag 1971.

Unter diesen Bedingungen besserer materieller Voraussetzungen für die Produktion, wird ihre Organisation zum entscheidenden Faktor. Sie ist eine Voraussetzung der kontinuierlichen Entwicklung der Produktion.

Wichtige zu lösende Probleme sind:

– der verstärkte Einsatz von ingenieur-technischem Personal in die Leitungen der Werkstätten und für die Betreuung bestimmter Maschinenkomplexe;
– die richtige Arbeit mit den Reserven an Material, Halbfabrikaten und Fertigprodukten sowie die planmäßige Bildung von Wirtschaftsreserven als Voraussetzung für die künftige Steigerung der Produktion;
– Maßnahmen zur Sicherung der Proportionalität, Kontinuität und Effektivität der Produktion in den kommenden Jahren (Deckung des Bedarfs an Rationalisierungs- und Automatisierungsmitteln, Verbesserung der Ausnutzung des Arbeitskräftepotentials durch richtige Standortverteilung der Produktion, Einsatz der Arbeitskräfte entsprechend ihrer wirklichen Qualifikation, Anwendung von Methoden der wissenschaftlichen Arbeitsorganisation, Sicherung des wissenschaftlich-technischen Vorlaufs und planmäßige Durchführung der Investitionsvorhaben).

Bei der weiteren Gestaltung der Wirtschaft sind alle Potenzen der entwickelten sozialistischen Gesellschaft zu erschließen und ein hohes Entwicklungstempo der Produktion, die Erhöhung der Effektivität, den wissenschaftlich-technischen Fortschritt und die Steigerung der Arbeitsproduktivität als grundlegende Bestandteile der Hauptaufgabe für deren Erfüllung wirksam werden zu lassen.

Die auf das Wohl der Menschen gerichtete Wirtschaftspolitik unserer Partei hat ein neues Stadium ihrer Realisierung erreicht, das entscheidende Konsequenzen für die Leitung und Planung des gesamten Reproduktionsprozesses nach sich zieht. Die sozialistische Ökonomik zeichnet sich durch eine früher nie gekannte Dynamik aus. Es ist deshalb nicht verwunderlich, daß die Methoden der Wirtschaftsleitung in der sozialistischen Gesellschaft systematisch vervollkommnet werden.

Wichtige Ausgangspunkte für die Vervollkommnung der Leitungstätigkeit auf wissenschaftlichen Grundlagen sind die nachfolgenden Faktoren im erreichten Stand unserer Entwicklung:

– die gewachsene Aktivität der Arbeiter und aller Werktätigen im sozialistischen Wettbewerb,
– die Festigung unserer sozialistischen Planwirtschaft auf dem Wege der Verwirklichung der neuen Beschlüsse über die langfristige Planung, über die Planung und die Bilanzierung sowie über die Vervollkommnung der wirtschaftlichen Rechnungsführung,

– der erreichte Stand der Bildung und vor allem der Festigung der Betriebe und Kombinate,
– die Stärkung unserer sozialistischen Produktionsverhältnisse durch die Umwandlung von Betrieben mit staatlicher Beteiligung, von privaten Industriebetrieben und industriell produzierenden PGH in VEB,
– die organisatorischen Erfahrungen und die technischen Mittel, die in den letzten Jahren im Zusammenhang mit der elektronischen Datenverarbeitung gesammelt worden sind, bzw. zur Anwendung gelangten.

2. Befriedigung der Bedürfnisse durch Erhöhung des materiellen und kulturellen Lebensniveaus der Werktätigen – Ausdruck des Ziels der sozialistischen Produktion

Die Thesen und die Diskussion haben gezeigt, daß für die bewußte planmäßige Leitung der sozialistischen Wirtschaft die Erkenntnis des Wesens der ökonomischen Gesetze des Sozialismus, ihres Systemcharakters und ihrer historisch bedingten Erfordernisse von wesentlicher Bedeutung ist. In der Diskussion wurde nachgewiesen, daß die Erkenntnis der objektiv wirkenden ökonomischen Gesetze das Fundament der Wirtschaftspolitik der marxistisch-leninistischen Partei der Arbeiterklasse und der gesamten wirtschaftlich-organisatorischen Tätigkeit des sozialistischen Staates ist. Von wesentlicher Bedeutung ist die Erkenntnis des ökonomischen Grundgesetzes des Sozialismus und seiner jeweiligen historischen Erfordernisse. Diese Frage wurde in den Thesen und in der Diskussion ausführlich behandelt. Es wurde betont, daß dieses Gesetz den objektiven und dialektischen Zusammenhang von Ziel und Mitteln zum Ausdruck bringt und dem ganzen System der ökonomischen Gesetze des Sozialismus seine Wirkungsrichtung gibt. Eine Problematik, die sicher noch tiefer begründet werden muß.

Zu den Mythen, die von der modernen bürgerlichen Ökonomie verbreitet werden, gehört die Erfindung, daß in der sozialistischen Gesellschaft die Ökonomie der Politik untergeordnet sei und darum angeblich nicht den Bedürfnissen der Menschen diene. Im Kapitalismus hingegen sei die Wirtschaft dem Kunden, d. h. dem Verbraucher untergeordnet. In dieser Behauptung ist eine doppelte Verfälschung der Wirklichkeit enthalten.

Erstens dient die sozialistische Ökonomie gerade dank ihrer Einheit mit der Politik, mit der Tätigkeit des Staates, der die Interessen der ganzen Gesellschaft ausdrückt, ausschließlich den Bedürfnissen des Volkes, der Befriedigung seiner Bedürfnisse.

Zweitens aber ist die kapitalistische Ökonomie nur in den apologetischen Erfindungen dem Kunden, dem Verbraucher, untergeordnet, während sie sich in Wirklichkeit vollständig unter der Kontrolle der Kapitalmagnaten befindet und Grundlage ihrer Macht und Herrschaft ist. Sie ist denjenigen unterworfen, die sie nicht aus Menschenfreundlichkeit betreiben, sondern in ihrem eigennützigen Interesse, in der Jagd nach dem höchstmöglichen Profit.

Das vom ökonomischen Grundgesetz des Sozialismus bestimmte Ziel der Produktion – die immer bessere Befriedigung der Bedürfnisse der Werktätigen – bestimmt entscheidend den sozialökonomischen Inhalt und die Wirkungsweise aller ökonomischen Gesetze des Sozialismus sowie die in der sozialistischen Gesellschaftsformation wirkenden Triebkräfte ihrer Entwicklung.

Die Produktion ist im Sozialismus den Bedürfnissen der Gesellschaft untergeordnet, denen das gesellschaftliche Eigentum an den Produktionsmitteln und die kollektive sozialistische Arbeit der Werktätigen dienen. Bedürfnisbefriedigung ist Entwicklungsbedingung der sozialistischen Produktion. Sie ist auf die Entwicklung der Fähigkeiten und der schöpferischen Initiative der Werktätigen gerichtet.

Die Entwicklung der Konsumtion wirkt als Wachstumsfaktor der Produktion durch die physische Reproduktion der Arbeitskraft, die sinnvolle Gestaltung ihrer Freizeit und die Entwicklung der sozialistischen Persönlichkeit, die als die größte Produktivkraft auf die Produktivkraft der Arbeit als Ganzes zurückwirkt.

Die Konsumtion fördert die Entwicklung der Produktion und treibt sie durch den Zwang zur Lösung des Widerspruchs zwischen den Bedürfnissen einerseits und den begrenzten Möglichkeiten zu ihrer Befriedigung in einem bestimmten Zeitraum andererseits voran.

Die Konsumtion übt einen starken Einfluß auf die Wirksamkeit der materiellen Interessiertheit aus. Sie wirkt ferner durch einen günstigen Einfluß der verstärkten Produktion von Konsumgütern und Dienstleistungen auf die Effektivität der Volkswirtschaft, auf die Verbesserung der Proportionen, auf die Erweiterung der Quellen des Wachstums des Nationaleinkommens und der Akkumulation, auf die Beschleunigung des Geldumlaufs.

In der sozialistischen Produktionsweise wird der direkte Zusammenhang von Produktion und Konsumtion hergestellt. Der Charakter der Produktionsweise bestimmt Entstehung und Entwicklung der Bedürfnisse sowie den Umfang und die Qualität ihrer Befriedigung.

Wichtige Aufgaben, um eine bedarfsgerechte Produktion in allen Bereichen der Volkswirtschaft entsprechend den jeweils gegebenen materiellen Möglichkeiten zu entwickeln, sind die gründliche Erforschung des Bedarfs (der kaufkräftigen Nachfrage, der Bevölkerung sowie der Einrichtungen der gesellschaftlichen Konsumtion) und eine entsprechende Planung des zu seiner Deckung notwendigen Warenfonds. Dazu dienen die Durchführung von ständigen Marktanalysen und der Einsatz wirksamer Methoden der Bedarfslenkung zur Sicherung einer richtigen gebrauchswertmäßigen Struktur der Produktion durch die Erfassung der Vielfalt der Bedarfswünsche (der materiellen und geistigen Bedürfnisse der im Kollektiv schöpferisch tätigen Menschen = Leitbild der Bedürfnisentwicklung).

Ein entscheidendes Problem in diesem Zusammenhang ist die Bestimmung der Reihenfolge der Befriedigung einzelner Bedürfnisse unter Berücksichtigung der Begrenztheit der für die Produktion zur Verfügung stehenden Mittel (sozialökonomische Rang- und Reihenfolge der Bedürfnisbefriedigung entsprechend den ökonomischen Potenzen unseres Landes).

Die Entwicklung sozialistischer Arbeits- und Lebensbedingungen bildet für den Menschen in der sozialistischen Gesellschaft eine Einheit. Die Arbeit und die Bedingungen, unter denen sie verrichtet wird, sind wesentlicher Bestandteil seines wachsenden Lebensniveaus.

Die Gestaltung sozialistischer Arbeits- und Lebensbedingungen ist eine vielseitige Aufgabe. Sie schließt unter anderem ein:

- die Herausbildung sozialistischer Beziehungen der kameradschaftlichen Zusammenarbeit und gegenseitigen Hilfe,
- die planmäßige Entwicklung des Realeinkommens der werktätigen Bevölkerung einschließlich der Rentner,
- die kontinuierliche, stabile und sortimentsgerechte Versorgung der Bevölkerung mit Konsumgütern unter Berücksichtigung des sich ständig verändernden Bedarfs und der Einkommensstruktur, insbesondere der Arbeiterklasse,
- die Entwicklung eines modernen Dienstleistungssystems,
- die Gestaltung der materiellen und zeitlichen Arbeitsbedingungen sowie die Entwicklung der Freizeit unter dem Gesichtspunkt der bestmöglichen Förderung der Arbeitsproduktivität und der Persönlichkeitsentwicklung,
- die Entwicklung des geistig-kulturellen Lebens und des Bildungswesens,
- die Förderung der Frauen und der Jugendlichen,
- die Entwicklung des Erholungswesens,
- die gesundheitliche Betreuung,
- die Entwicklung der Wohnungspolitik entsprechend der Bevölkerungs- und Familienstruktur sowie der Standortverteilung der Produktion,
- die bestmögliche Gestaltung des Berufs- und Urlauberverkehrs,
- die Betreuung der Kinder, pflegebedürftiger und älterer Bürger, Förderung der Familienbeziehungen.

3. Der objektive Charakter der ökonomischen Gesetze des Sozialismus – einige Schlußfolgerungen für die Entwicklung der Leitung und Planung

Die Politische Ökonomie des Sozialismus kann keine Sammlung unbeweglicher, erstarrter Dogmen sein. Sie ist dazu berufen, die objektiven ökonomischen Gesetze der neuen Gesellschaft aufzudecken. Wie LENIN schrieb, bildet jede ökonomische Gesellschaftsformation, jedes System der Produktionsverhältnisse „nach der Theorie von MARX einen besonderen sozialen Organismus". ENGELS hat vorzüglich erklärt, wie die Herrschaft der Gesellschaft über die objektiven ökonomischen Gesetze der gesellschaftlichen Entwicklung verstanden werden muß. MARX erklärte das Gesetz als den inneren notwendigen Zusammenhang zwischen den Erscheinungen. Die Erkenntnisse der Klassiker sind für uns die Grundlage für die Nutzung und die weitere Erforschung der ökonomischen Gesetze des Sozialismus.

Die Erkenntnis der objektiven ökonomischen Gesetze des Sozialismus und ihre Beherrschung darf man nicht als einmaligen Akt betrachten: man hat die Gesetze erkannt, hat sie in der nötigen Weise geordnet, und übrigbleibt nur noch, über ihre Formulierung zu streiten, diese Formulierungen zu präzisieren. Der Marxismus lehrt, daß 1. der Prozeß der Erkenntnis der objektiven Welt seiner ganzen Natur nach unendlich ist und daß 2. dieser Erkenntnisprozeß mit der menschlichen Praxis verbunden ist.[2]

Der Charakter der ökonomischen Gesetze hängt selbstverständlich mit der besonderen ökonomischen Rolle des sozialistischen Staates zusammen. Als erkannte und bewußt angewendete Gesetze setzen die ökonomischen Gesetze des Sozialismus die planmäßige Organisierung des gesamten gesellschaftlichen Produktionsprozesses voraus. Im Gegensatz zum Kapitalismus läßt sich der Sozialismus, nach einem Ausspruch von ENGELS, von einem Gesamtwillen leiten, lebt er nach einem Gesamtplan. Der Gesamtwille, der einheitliche Gesamtplan im weitesten Sinne des Wortes, bestimmt das Leben der sozialistischen Gesellschaft in jedem Land und im sozialistischen Weltsystem insgesamt.

Eine wichtige Frage ist auch das Wechselverhältnis von Politik und Ökonomie. Sie hat deshalb auf unserer Beratung eine erhebliche Rolle gespielt. Es soll hier nur ein wichtiges Problem herausgegriffen werden. In der sozialistischen Gesellschaft verkörpert sich die Einheit von Politik und Ökonomie wie u. a. in der Wirtschaftspolitik der Partei und des Staates. Für die Wirtschaftspolitik gilt voll und ganz, was LENIN (Bd. 31, S. 90) einmal über die Politik überhaupt sagte: sie ist der Algebra näher als der Arithmetik und der höheren Mathematik noch ähnlicher als der niedrigen.

[2] Vgl. hierzu: L. A. LEONTJEW: ENGELS und die ökonomische Lehre des Marxismus, S. 474 ff.

Die Wirtschaftspolitik hat bei ihren Entscheidungen stets die Einheit von Gegenwarts- und Zukunftsinteressen zu berücksichtigen. Die wissenschaftliche Begründung der Wirtschaftspolitik und das streng wissenschaftliche Herangehen an ihre Durchführung sind unumgänglich. Daraus ergibt sich, wie wichtig die Klarheit über das Verhältnis von Politischer Ökonomie und Wirtschaftspolitik ist. Ohne Zweifel sind die objektiven ökonomischen Gesetze des Sozialismus die Praxis und keineswegs das Resultat der Wirtschaftspolitik, ihre Voraussetzung und nicht die Folge.

Es kann aber auch gesagt werden, daß die Politische Ökonomie nicht die ganze Summe der Probleme ausschöpft, die mit der wissenschaftlichen Ausarbeitung der Wirtschaftspolitik und ihrer praktischen Verwirklichung verbunden sind. Sie müssen von der Gesamtheit der Wirtschaftswissenschaften untersucht werden. Die Politische Ökonomie ist aber die Grundlage aller Wirtschaftswissenschaften. Tendenzen zu ihrer Beschränkung auf den engen Rahmen einer „reinen Theorie" tragen dazu bei, die Erforschung der lebendigen Praxis durch abstrakt-scholastische Streitereien über diese oder jene Formel zu ersetzen. Eine solche Loslösung der Theorie von der Praxis bringt die Gefahr mit sich, die Sphäre der Politischen Ökonomie des Sozialismus auf einen engen Kreis von Aussagen mit hohem Abstraktionsgrad einzuschränken, die wenig mit dem Leben verbunden sind.

Der Reichtum der ökonomischen Gesetze kann nur durch tiefes Studium der Praxis des wirtschaftlichen Aufbaus in allen Erscheinungen erschlossen werden. Die Praxis umfaßt sowohl die Wirtschaftspolitik des Staates, wie die gewaltigen Erfahrungen bei der Anwendung der sozialistischen Wirtschaftsmethoden, die Erfahrungen bei der planmäßigen Entwicklung der Volkswirtschaft im Ganzen wie in allen ihren Teilen. Um in der politökonomischen Theorie zu gesicherten Erkenntnissen zu gelangen, ist es notwendig, theoretische Verallgemeinerungen im Ergebnis langfristiger Untersuchungen zu treffen und erforderliche experimentelle Erprobungen bis zum letzten Glied des Reproduktionsprozesses und in einem Zeitraum durchzuführen, der genügend Erfahrungen vermittelt, ehe eine allgemeine Anwendung erfolgt. Nur so kann die Politische Ökonomie ihre produktive und bewußtseinsbildende Funktion mit noch höherer Effektivität erfüllen.

Theorie und Praxis bereichern sich gegenseitig. Immer wieder bestätigt sich die Wahrheit des Leninschen Gedankens, daß im Prozeß des sozialistischen Aufbaus die Theorie in die Praxis umgesetzt wird, durch die Praxis belebt, durch die Praxis korrigiert und erprobt wird.

Im Prozeß der praktischen Tätigkeit, im Zusammenhang mit der Vervollkommnung der volkswirtschaftlichen Leitungsmethoden werden die inneren Zusammenhänge und die gegenseitige Abhängigkeit der Elemente des volkswirtschaftlichen Systems, die gesetzmäßigen Beziehungen zwischen Erscheinungen des Wirtschaftslebens sowie die objektiv bedingten Proportionen der sozialistischen Reproduktion, die notwendigen Bedingungen für ihren Verlauf, tiefgründiger erkannt und bestimmt. Andererseits sind die exakter und detaillierter geklärten objektiven Gesetzmäßigkeiten der sozialistischen Ökonomik eine zuverlässige Grundlage für die Vervollkommnung der Methoden der planmäßigen Wirtschaftsleitung.

Die bewußte Ausnutzung der objektiven ökonomischen Gesetze des Sozialismus setzt nicht nur die Erklärung der qualitativen Merkmale dieser Gesellschaft voraus, sondern auch die exakte Analyse der quantitativen Seiten der ökonomischen Gesetzmäßigkeiten. So ist es nicht ausreichend, das objektive Gesetz der planmäßigen proportionalen Entwicklung zu kennen, um den Plan der Volkswirtschaft, der Zweige oder des Betriebes auszuarbeiten. Man muß auch die quantitativen Beziehungen zwischen den Elementen der Produktion und Reproduktion exakt bestimmen. Angesichts des kontinuierlichen Charakters aller Prozesse der Wirtschaft muß auch die Analyse kontinuierlich sein. Die Entwicklung der Proportionen der Volkswirtschaft der DDR und anderer sozialistischer Länder legt ein beredtes Zeugnis davon ab, daß das planmäßige Funktionieren der Wirtschaft die Möglichkeit erschließt, das Wirtschaftsleben effektiver zu leiten, optimale Proportionen herzustellen, die Produktivkräfte rationeller zu entwickeln und mit den Ressourcen ökonomisch umzugehen.

Es kommt darauf an, die Gesamtheit der objektiven ökonomischen Gesetze in ihren gegenseitigen Beziehungen theoretisch zu erfassen, ihre komplexe Wirkungsweise zu studieren und in der Wirtschaftspolitik auszunutzen.

Von besonderer Bedeutung im System der ökonomischen Gesetze ist der Zusammenhang von ökonomischem Grundgesetz und dem Gesetz der planmäßigen proportionalen Entwicklung. Darauf haben bereits die Klassiker des Marxismus-Leninismus hingewiesen. Ausdrücklich hervorheben möchte ich aber auch diejenigen Beiträge, die auf die Wechselwirkungen zwischen ökonomischem Grundgesetz, planmäßig proportionaler Entwicklung, sozialistischer Akkumulation, stetiger Steigerung der Arbeitsproduktivität und Verteilung nach der Arbeitsleistung hingewiesen haben. Ohne Zweifel ergeben sich daraus ebenfalls weitere Forschungsaufgaben, die es zu lösen gilt.

Zur Lösung dieser Aufgabe müssen die ökonomischen Gesetze stärker in ihrem Zusammenwirken im volkswirtschaftlichen Reproduktionsprozeß und in der sozialistischen ökonomischen Integration erforscht werden.

Als ein Schritt dazu sind die theoretisch-methodologischen Grundlagen für die Erforschung des Zusammenwirkens der ökonomischen Gesetze noch umfassender auszuarbeiten. Zu ihnen gehören:

Die Ausgangskategorie für die Analyse der sozialistischen Produktionsweise,

Die Kategorie ist noch Gegenstand der Diskussion. Genannt werden in der Literatur in diesem Zusammenhang:
a) gesellschaftliches Eigentum,
b) die Kollektivität der Produktion,
c) die Planmäßigkeit.

Eine weitere Arbeitsgrundlage ist die Klassifizierung der Gesetze nach ihren Entstehungsbedingungen und ihrer Wirkungsdauer. Eine Gruppierung der ökonomischen Gesetze in diesem Sinne wurde von dem sowjetischen Ökonomen Kusminow versucht. Eine wichtige Aufgabe stellt auch die Bestimmung der Rangfolge der ökonomischen Gesetze innerhalb des Systems der ökonomischen Gesetze dar.

Wichtige Probleme der Analyse der Gesamtheit der ökonomischen Gesetze, ihrer Erfordernisse (in ihrer gegenseitigen Ergänzung und mit ihren Widersprüchen) und ihrer Wirkungsbedingungen sind:
– die Untersuchung der durchgängigen Wirkung der ökonomischen Gesetze in allen Phasen des Reproduktionsprozesses,
– Fragen der Kombination der Erfordernisse und der Wirkung der einzelnen Gesetze,
– die Gestaltung von Wirkungsbedingungen der ökonomischen Gesetze, die für die gesamte kommunistische Gesellschaftsordnung Gültigkeit haben,
– die Analyse der internationalen Wirkungsbedingungen ökonomischer Gesetze, d. h. die Untersuchung der Erfordernisse der ökonomischen Gesetze im Prozeß der sozialistischen Integration und des Einflusses der sozialistischen Integration auf den nationalen Reproduktionsprozeß.

Für die sozialistische Leitung und Planung ist die politökonomische Erkenntnis wesentlich, daß die ökonomischen Gesetze planmäßig nur im Komplex genutzt werden können. Die Befolgung dieser Erkenntnis ist notwendig, um Einseitigkeiten in der ökonomischen Politik und extreme wirtschaftspolitische Entscheidungen zu vermeiden. Optimale volkswirtschaftliche Entscheidungen, besonders unter den Bedingungen einer vorwiegend intensiv erweiterten Reproduktion, die die günstigste Kombination der Erfordernisse ökonomischer Gesetze anstreben, setzen deshalb die immer bessere Kenntnis der *Gesamtheit ökonomischer Gesetze* voraus.

Weitere theoretische Forschungen über die Gesamtheit der ökonomischen Gesetze sind die Grundlage für die Vervollkommnung der Planung, insbesondere durch fundierte Bilanzen und ausgewogene volkswirtschaftliche Gesamtrechnungen, deren Einhaltung in der praktischen Wirtschaftstätigkeit zu einem äußerst rationellen Funktionieren der sozialistischen Produktionsweise führt.

Neben der weiteren Erforschung der Gesamtheit der ökonomischen Gesetze des Sozialismus und ihrer Wirkungsweise *müssen auch die einzelnen ökonomi-*

schen Gesetze des Sozialismus noch gründlicher erforscht werden. Das gilt besonders für das ökonomische Grundgesetz und das mit ihm verbundene Verhältnis von Bedürfnissen und Triebkräften der sozialistischen Produktionsweise.

4. Die organische Verbindung des Sozialismus mit den Vorzügen der wissenschaftlich-technischen Revolution

Zu diesem Komplex möchte ich vor allem die Hinweise, die Genosse SCHULZ in seinem Einleitungsreferat gegeben hat, unterstreichen: Es geht darum, die Möglichkeiten und Bedingungen zu schaffen, um durch Entfaltung der schöpferischen Fähigkeiten der Wissenschaftler und Neuerer ein höheres Niveau der Arbeitsproduktivität zu erreichen sowie die Einheit von Veränderungen in der materiell-technischen Basis der Volkswirtschaft und Entfaltung der sozialistischen Persönlichkeit zu erkennen.

Die Beschleunigung des wissenschaftlich-technischen Fortschritts ist eine entscheidende Bedingung für die planmäßige Steigerung der Arbeitsproduktivität und die Befriedigung der wachsenden materiellen und kulturellen Bedürfnisse der Werktätigen.

Der wissenschaftlich-technische Fortschritt bildet die Hauptquelle der Effektivität der Produktion. Um sie zu erschließen, sind Maßnahmen auf dem Gebiet der Leitung und Planung erforderlich, die das geschaffene wissenschaftlich-technische Potential und die jährlich aufgewendeten Mittel zu wesentlich stärkerer *volkswirtschaftlicher* Wirksamkeit bringen um aus den wachsenden Aufwendungen für Wissenschaft und Technik ein noch besseres ökonomisches Ergebnis zu erzielen.

Voraussetzungen dafür sind: die planmäßige Entwicklung von Wissenschaft und Technik durch richtige Proportionen für den Einsatz der wissenschaftlich-technischen Kapazitäten, durch die richtige Verbindung der Vervollkommnung herkömmlicher Erzeugnisse und Technologien mit der Anwendung neuer, durch die im voraus gesicherte notwendige Proportionalität zwischen den Ergebnissen von Wissenschaft und Technik und den zu ihrer Realisierung notwendigen Investitionen sowie durch eine straffe Organisation des Überleitungsprozesses und die rechtzeitige Sicherung der dazu notwendigen Kooperationsbeziehungen.

Wichtige Voraussetzungen für die umfassende Nutzung des wissenschaftlich-technischen Fortschritts sind auch die Vertiefung der sozialistischen ökonomischen Integration ebenso wie die aktive Einbeziehung breitester Schichten der Werktätigen in die Lösung wissenschaftlich-technischer Aufgaben über den sozialistischen Wettbewerb und Neuererbewegung.

5. Der Übergang zur intensiv erweiterten Reproduktion

Im Gegensatz zum Kapitalismus verfügt der Sozialismus über die Möglichkeit, eine stetige Steigerung der Arbeitsproduktivität zu sichern. Das bedeutet, daß die sozialistische Wirtschaft von objektiven Hindernissen frei ist, die die stetige Steigerung der Arbeitsproduktivität und der Effektivität der gesellschaftlichen Produktion stören. Daraus ergibt sich aber nicht, daß die Effektivität der Arbeit der Werktätigen automatisch wächst. Es können vermeidbare subjektive Faktoren auftreten, die das Wachstum der Produktion unter bestimmten Bedingungen zeitweilig aufhalten. Deshalb besteht die objektive Notwendigkeit darin, die Methoden der Wirtschaftsführung, die Methoden der Leitung und Planung der sozialistischen Wirtschaft ständig zu vervollkommnen.

Die sozialistische Gesellschaft stellt sich die Aufgabe, aktiv die ökonomischen Bedingungen zu verändern, die aus der Vergangenheit überliefert wurden. Sie ist nicht bestrebt, diese Bedingungen zu verewigen, sondern verändert sie aktiv, oft in grundlegender Weise. Das gilt auch für den Übergang zur intensiv erweiterten Reproduktion.

Die Intensivierung der gesellschaftlichen Produktion ist der Hauptweg zur hohen volkswirtschaftlichen Effektivität. Sie beruht auf der Erschließung qualitativer Wachstumsfaktoren

- der Beschleunigung des wissenschaftlich-technischen Fortschritts,
- der besseren Nutzung und Modernisierung vorhandener Produktionsanlagen,
- dem sparsamen und zweckentsprechenden Einsatz von Roh- und Brennstoffen,
- der Einführung neuer effektiver Arbeitsmittel, Arbeitsgegenstände und Technologien in die Produktion,
- der wachsenden Qualifikation der Werktätigen und
- der verbesserten Arbeitsorganisation.

Die Intensivierung der Produktion führt zu einem effektiven Zusammenwirken von Arbeitsmitteln, Arbeitsgegenstand und menschlicher Arbeitskraft. Sie trägt dem Umstand Rechnung, daß Arbeitskräfteanzahl und Umfang der Investitionen nicht beliebig zu erweitern sind.

Wichtigstes Kriterium der intensiv erweiterten Reproduktion ist die Steigerung der Arbeitsproduktivität durch eine höhere Wirksamkeit der Elemente und Faktoren des Reproduktionsprozesses. Die Intensivierung der gesellschaftlichen Produktion ist ein vielfältiger Prozeß der Verwohlfeilerung der Produktionsbedingungen. Sie ist mit einer Vielzahl volkswirtschaftlicher Voraussetzungen und Konsequenzen verbunden, die auf die Erschließung der qualitativen Wachstumsfaktoren zur Erweiterung der Produktion wirken. Ihre wichtigsten sind:

- die Vervollkommnung der Leitung und Planung der Volkswirtschaft,
- die planmäßige Steigerung der Arbeitsproduktivität durch Beschleunigung des wissenschaftlich-technischen Fortschritts, durch Rationalisierung und insbesondere die organische Verbindung der wissenschaftlich-technischen Revolution mit den Vorzügen des sozialistischen Wirtschaftssystems,
- die Vervollkommnung der Struktur und der Proportionalität der sozialistischen Volkswirtschaft,
- die rasche Erneuerung des Produktionssortiments, vor allem in der verarbeitenden Industrie bei wachsender Qualität der Erzeugnisse,
- der wachsende Anteil der Rationalisierungsinvestitionen und des Ausrüstungsanteils am Gesamtvolumen der Investitionen,
- die schnelle Entwicklung der Qualifikation der Werktätigen in allen Bereichen der Volkswirtschaft,
- die rationellere Nutzung des begrenzten gesellschaftlichen Arbeitsvermögens durch Rationalisierung aller Produktions-, Leitungs- und Verwaltungsprozesse auf dem Wege der Mechanisierung, Teilautomatisierung und Automatisierung ausgewählter volkswirtschaftlich bedeutender Vorhaben,
- die rasche Vertiefung der gesellschaftlichen Arbeitsteilung, der Konzentration, Spezialisierung, Kooperation, insbesondere im Rahmen der sozialistischen ökonomischen Integration,
- der wachsende Umfang der Außenwirtschaftsbeziehungen.

Für die Durchsetzung des ökonomischen Grundgesetzes ist in der gegenwärtigen Entwicklungsetappe der fondssparende Typ der intensiv erweiterten sozialistischen Reproduktion notwendig, mit dem je Einheit akkumulierter Mittel ein wachsendes Volumen an Nationaleinkommen erzielt wird.

6. Einige Bemerkungen zur Wirkung des Wertgesetzes im Sozialismus

In unserer Beratung sind Fragen des Wertgesetzes etwas kurz weggekommen. Ausgehend von der Erkenntnis, daß das Wertgesetz im Sozialismus in seinem sozialökonomischen Inhalt durch die sozialistischen Produktionsverhältnisse bestimmt wird, muß erkannt werden, daß die Nutzung dieses Gesetzes von großer Bedeutung für die sozialistische Intensivierung und Ökonomisierung ist. Auf dem XXIV. Parteitag der KPdSU hat Kossygin das Verhältnis von sozialistischer Planwirtschaft und Warenproduktion behandelt und dabei erklärt, daß das Führende und Maßgebende eine richtungsweisende Planung ist und daß die Ware-Wert-Beziehungen zur Festigung der planmäßigen Leitung der Volkswirtschaft und zur Förderung der Initiativen der Betriebe und Vereinigungen nach den Grundsätzen der wirtschaftlichen Rechnungsführung genutzt werden können und müssen. Er betonte weiter, daß die Ware-Geld-Beziehungen im Sozialismus einen neuen Inhalt haben.

Das Wichtigste ist dabei, daß die Ausnutzung dieses Gesetzes von großer Bedeutung für die Bestimmung und die Senkung des Arbeitsaufwandes sowie für die exakte Bestimmung der materiellen und wertmäßigen Proportionen ist. Die bewußte Ausnutzung des Wertgesetzes dient deshalb dem planmäßig proportionalen Vollzug des sozialistischen Reproduktionsprozesses. Ohne Zweifel erfordert die bessere Befriedigung der materiellen und kulturellen Bedürfnisse des Volkes und die sozialistische Intensivierung die Erhöhung der Effektivität der Wirtschaft auf dem Wege des rationellsten Einsatzes der vergegenständlichten und lebendigen Arbeit. Gerade daher aber ist die Nutzung der Erfordernisse des Wertgesetzes nötig. Eine der Schwächen, die unsere Wissenschaft noch hat und die wir im Interesse des geringstmöglichen Aufwandes für ein bestimmtes Ziel überwinden müssen, ist die Ungenauigkeit im Messen und Bewerten. Es sei hier nur daran erinnert, daß die Arbeit mit Kostennormativen auf keinem hohen Niveau steht, wodurch nicht zuletzt der Druck auf größere Effektivität behindert wird. Von großer Bedeutung ist auch die exakte Kostenanalyse. Beim Wertgesetz unter unseren Bedingungen geht es also um die Verbesserung der Planung und um die höhere Effektivität im Interesse der Steigerung des Volkswohlstandes.

Aus diesem Grunde verweise ich ausdrücklich darauf, im System der ökonomischen Gesetze, die in der entwickelten sozialistischen Gesellschaft wirken, die Fragen des Wertgesetzes entsprechend zu untersuchen.

7. Qualifizierung der Planung

Eine Grundlinie der weiteren Vervollkommnung der sozialistischen Planung ist die konsequente Durchsetzung des demokratischen Zentralismus durch die Qualifizierung der zentralen staatlichen Planung. Damit wird eine grundlegende Erfahrung der Praxis des Aufbaus und der Gestaltung der sozialistischen Gesellschaft konsequent berücksichtigt. Der demokratische Zentralismus in der Wirtschaftsleitung sichert, daß die Entfaltung der schöpferischen Initiative und der Arbeitsenergie der breiten Masse der Werktätigen mit jener Einheit des Ziels und des Willens verbunden wird, ohne die die Produktion in einem modernen hochentwickelten volkswirtschaftlichen Organismus nicht effektiv funktionieren kann. Die Entfaltung der sozialistischen Demokratie insgesamt, das Wachstum und die Erweiterung der demokratischen Grundlagen in der Wirtschaftsleitung stellen eine äußerst wichtige, objektive Gesetzmäßigkeit der gesellschaftlichen Ordnung im Sozialismus dar. Die Grundprinzipien des demokratischen Zentralismus fordern, die zentrale Leitung der Volkswirtschaft richtig mit der notwendigen operativen Eigenverantwortung und Initiative der Betriebe als der Grundlage des volkswirtschaftlichen Organismus zu verbinden.

Lenin warnte entschieden vor zwei Gefahren, die dem Prinzip des demokratischen Zentralismus drohen. Das ist einerseits die Verwandlung des demokratischen Zentralismus in bürokratischen Zentralismus und andererseits die Verletzung des Zentralismus durch lokalpatriotische oder anarcho-syndikalistische Tendenzen aller Art. Lenin hielt seinerzeit diese beiden Gefahren für Äußerungen des kleinbürgerlichen Einflusses auf die Arbeiterklasse, auf den proletarischen Staat.[3]

Die konkreten Formen der Verbindung von Zentralismus und Demokratie, die praktischen Methoden zur Verwirklichung des Prinzips des demokratischen Zentralismus, können nicht unveränderlich und unbeweglich bleiben. Sie verändern sich unvermeidlich in dem Maße, wie sich die sozialistische Ökonomik entwickelt, wie sich deren Möglichkeiten erweitern, wie sich deren Aufgaben erweitern und komplizieren. Doch bei allen Veränderungen im System des Sozialismus, das auf dem gesellschaftlichen Eigentum beruht, hat die zentrale planmäßige Leitung den Vorrang.

Es wäre jedoch naiv, wollte man annehmen, die Rolle der zentralen Wirtschaftsleitung wachse um so mehr, je weniger sie den Betrieben, Kombinaten usw. Raum läßt, eigene Entscheidungen zu treffen. Die Verstärkung der ökonomischen Leitungsmethoden mittels der planmäßigen wirtschaftlichen Rechnungsführung hat den Zweck, die Effektivität und Wirksamkeit der zentralen planmäßigen Leitung der Wirtschaft zu erhöhen. Die Vervollkommnung der Planung ist ein ständiger Prozeß, der auf die Entwicklung der Produktion mit höchster Effektivität gerichtet ist.

Vor allem folgende Faktoren erfordern eine Vervollkommnung der Planung:

- das qualitativ und quantitativ gewachsene ökonomische Potential der DDR,
- der Reifegrad der sozialistischen Produktionsverhältnisse,
- das wachsende Niveau der materiellen und kulturellen Bedürfnisse der Werktätigen,
- die Notwendigkeit, die Intensivierung der Produktion als Hauptweg zu höherer Effektivität konsequent zu beschreiten,

[3] L. A. Leontjew, ebenda.

– das Tempo und der Umfang des wissenschaftlich-technischen Fortschritts und die Notwendigkeit der Verbindung von wissenschaftlich-technischer Revolution und Vorzügen des Sozialismus,
– die wachsende Vergesellschaftung der Produktion und deren immer engere Verbindung mit allen Bereichen des gesellschaftlichen Lebens,
– die wachsende Qualifikation und Initiative der Werktätigen,
– die Aufgaben der sozialistischen ökonomischen Integration.

Die Vervollkommnung erfolgt, indem
– die Pläne in immer stärkerem Maße den Charakter sozial-ökonomischer Programme zur Entwicklung der gesamten Gesellschaft annehmen und die wachsenden materiellen und kulturellen Bedürfnisse der Werktätigen als Ausgangspunkt haben,
– der Zeithorizont der Planung erweitert wird, um Fünfjahrpläne und Jahrespläne besser zu begründen,
– die Bilanzierung verbessert wird,
– die Komplexität der Planung verstärkt und die Verbindung der Zweigplanung mit der Gesamtplanung und der Territorialplanung gesichert wird.

Die Vervollkommnung der langfristigen Planung ist auf die das Wachstum bestimmenden Faktoren gerichtet:
– die Bedürfnisse der Bevölkerung,
– die Grundproportionen der Volkswirtschaft,
– die Entwicklung von Wissenschaft und Technik,
– die Prozesse der sozialistischen Integration.

Langfristige Planung und Prognosearbeit sind objektiv notwendige Bestandteile der sozialistischen Wirtschaftsleitung. In der langfristigen Planung werden Analyse und Prognose verbunden und in verschiedenen Stufen und auf verschiedene Art und Weise die Entwicklungsaufgaben für einen sehr weitreichenden Zeitraum ausgearbeitet. Es erfolgt eine stufenweise Annäherung der Planinhalte an die konkreten Erfordernisse.

Die Prognose wird als Hilfsmittel zur Bestimmung der günstigsten Entwicklungsrichtungen unentbehrlich. Sie wird konsequent auf die gesellschaftlichen Bedürfnisse und die realen Entwicklungsbedingungen orientiert.

Um die Informationsbasis für die sozialistische Planung entschieden zu vervollkommnen, zu wirksamen Analysen zu gelangen und die Normativbasis der Planung wesentlich zu stärken, sind moderne Leitungsformen und Planungstechniken erforderlich. Sie sind Voraussetzung für eine exaktere und detailliertere Bilanzierung und für die stärkere Orientierung der Planung auf konkrete Gebrauchswerte für die Befriedigung der Bedürfnisse der Bevölkerung und die materielle Sicherung der produktiven Konsumtion.

Zu einer hohen Qualität der sozialistischen Planung gehören

- die ständige Verbindung des Planungsprozesses mit der exakten Analyse der erreichten ökonomischen Ergebnisse,
- die Erfassung des volkswirtschaftlichen Reproduktionsprozesses in seiner Gesamtheit und in seiner funktions- und prozeßbedingten strukturellen Gliederung,
- die Erfassung und Sicherung der einheitlichen Bedingungen der volkswirtschaftlichen Reproduktion in einem bestimmten Zeitraum,
- die Berücksichtigung der Differenziertheit der Reproduktionsbedingungen in den Zweigen, Kombinaten und Betrieben.

Wichtige Aufgaben bei der weiteren Entwicklung der Planung sind auch die Arbeit mit dem Staatsplan Wissenschaft und Technik sowie die Vervollkommnung der wirtschaftlichen Rechnungsführung durch die differenzierte Planung des Gewinns sowie der Senkung der Selbstkosten (auf der Grundlage von Normen des Verbrauchs an lebendiger und vergegenständlichter Arbeit).

Wir können unsere Diskussion als gelungenen Auftakt betrachten. Ohne Zweifel müssen wir unsere Anstrengungen beträchtlich erhöhen, um den Maßstäben gerecht zu werden, die der VIII. Parteitag an die wirtschaftswissenschaftliche Arbeit gestellt hat. Die nächsten Beratungen des Rates sind der Natur der Sache nach geeignet, das Thema: „Die Wirkungsweise und Erfordernisse der ökonomischen Gesetze des Sozialismus" stets unter den jeweiligen Gesichtspunkten aufzugreifen. Vor allem kommt es darauf an, noch gründlicher die Diskussion der sowjetischen Ökonomen zu diesen bedeutsamen polit-ökonomischen Fragen zu analysieren und ihre Erkenntnisse zu verarbeiten.

Kolibri 360 GmbH
Ferdinand-Jühlke-Straße 7
99095 Erfurt, Deutschland
produktsicherheit@kolibri360.de